古賀茂明

Koga Shigeaki

分断と凋落の日本

発行：日刊現代
発売：講談社

はじめに……いまこそ「新しい改革」を提言する

２０２３年3月16日、韓国の尹錫悦大統領が12年ぶりに訪日し、岸田文雄首相と会談した。訪日に先立つ3月6日、尹大統領は、徴用工問題について、政府傘下の財団が、韓国の裁判で敗訴した日本製鉄と三菱重工業の賠償を肩代わりすることを提案し、「１９６５年の日韓請求権協定で元徴用工らに対する賠償問題は解決済み」とする日本政府の立場を全面的に尊重する解決策を提示した。もちろん岸田首相もこれを評価し、「歴代内閣の立場、歴史認識に関して、全体として引き継いでいる」と表明した。

このお膳立てを前提として行われた日韓首脳会談の結果、懸案となっていた日本による対韓輸出規制強化問題や韓国による日韓秘密軍事情報保護協定（ＧＳＯＭＩＡ）破棄問題などが一気に解決し、シャトル外交も復活することになった。これにより、あらゆる分野で日韓両国が友好的な協力関係を拡大することに支障がなくなった。

日本側から見ると「完勝」である。もちろん、尹政権の後の政権で「ちゃぶ台返し」というリスクは残るが、それまでの間に後戻りできないところまで日韓関係の強化を進めることは可能であろう。

こう書くと、非常に喜ばしいことだと手放しで喜んでいいことのように聞こえる。私も全体としては極めて良い結果だと思う。しかし、それと同時に、ある「懸念」と「無念」を感じた。

「懸念」というと、前述の「ちゃぶ台返し」のことだと思うかもしれないが、そうではない。それよりはるかに大きな懸念は、尹大統領の安全保障観だ。前任の文在寅政権は米国一辺倒の日本と異なり、米中との間でバランスをとる外交を展開してきた。しかし、尹氏は米日との経済・安保関係重視の姿勢を強調しているように見える。これを奇貨として、日本側保守層には、韓国との真の友好関係を発展させることには関心を持たず、ただ単に、中国封じ込めのために日米韓の軍事協力強化に利用したいと考える人々が多い。

今回の韓国側の歩み寄りの裏には、米国バイデン大統領の後押しがあったとも言われるが、米国から見れば、これで東アジアにおける米国の軍事的負担のかなりの部分を日韓に肩代わりさせることができ、しかも、両国に大量の武器を売却する基盤が強化されたということになる。もちろん日本は、ますます米国への依存を強めることになるのである。その先にあるのは、中国との対立激化だ。その結果、台湾有事を自ら誘発するのか、あるいは、運よくそれがなくても、台湾有事に備えた武器爆買いで財政逼迫、国民生活困窮への道を歩むのかのどちらかである。日韓協力がそれを後押しすることになるだろう。

私は、日韓協力は、軍事ではなく経済優先でと主張し続けてきた。それは、今日のような事態を心配したからだ。岸田政権は、もちろん韓国との経済協力も進めると言っている。しかし、よく見ると、中国封じ込めのための経済安全保障協力の側面ばかりが強調されている。日本が遅れてもう復活できないと見られる半導体、電池などの分野で、韓国が最終製品、日本が部品、材料、製造装置という分業を構築する道を明確に示すことができれば、本文に書いた「下請け立国」の良いモデルができると思うのだが。

そしてもう一つ、「無念」とは何か。今回の日韓関係の劇的な好転を導いたのが、100％尹大統領のイニシアティブだったということだ。私が以前に提案していたのは、日本側が先に対韓輸出規制強化を解除し、それに呼応して韓国がＧＳＯＭＩＡを復活、そして、シャトル外交再開と日韓半導体協力という道筋だった。そのうえで徴用工と慰安婦についいて、日本側が当事者に直接謝罪して理解を得る。これによって、完全な日韓友好関係を確立すれば完璧だというシナリオである。

しかし、岸田首相にはその「勇気」がなかった。韓国に一歩でも近づけば、自民党保守派に批判されると怖れたのだ。もちろん、謝罪などもってのほかということだろう。今回も歴史認識について、歴代内閣の立場を引き継ぐという抽象的な意思表明しかできなかった。鍵となる「反省と謝罪」を自分の口に出して述べなかったことは韓国国民を失望させ、尹大統領の韓国国内での立場を困難なものにした。反省し謝罪するという立場を引き継ぐのなら、自らの言葉で謝罪すればいい。それは、譲歩でも何でもない。簡単なことだ。

だが、岸田氏には、その勇気がなかった。

今回の結果を客観的に見れば、尹大統領の大局観と寛容な姿勢、そして自らの政治生命を賭したとも言える勇気だけが際立ち、岸田氏は、小心、狭量、近視眼という評価で終わってしまった気がする。岸田氏が先を行き、さらに国内の保守派を怖れず謝罪に踏み込んでいれば、逆に、歴史に名を残す勇気ある外交と評価されたはずだ。

本当に残念である。

実は、岸田首相の残念な外交の背景にあるのが、本書の主題である、安倍晋三元首相の負の遺産、「得体のしれない安倍的なもの」である。

安倍氏の最大の「功績」は、日本の岩盤右翼層をがっちりと固めたことだ。その結果、反日思想を持つ旧統一教会（世界平和統一家庭連合・以降「統一教会」と表記）と日本会議など国粋主義的勢力がともに自民党保守派を支持するというまったく支離滅裂な現象も起きた。その遺産を受け継いだのが自民党安倍派（清和会）である。

彼ら岩盤右翼層は、数としては大きくなくとも、選挙の投票率が下がる傾向が続く中、自民党の得票の中では重要な地位を占める。また、下手に敵に回すと落選運動を起こされたりもするので、自民党議員にとって、ますますその支持を取り付けることが重要になる。この構図は、岸田首相のみならず、親安倍だろうが反安倍だろうが、自民党の他の派閥でも、議員でも同じだ。かくして、すべての自民党議員にとって、この「安倍派的」岩盤右翼層の支持を得ることが至上命題になったのだ。

私は、この状況を「妖怪に支配された自民党」と呼んでいる。〝昭和の妖怪〟と呼ばれた岸信介元首相。その孫が安倍晋三氏だから、安倍氏は〝妖怪の孫〟である。そして〝妖怪の孫〟亡き後もなお、得体のしれない安倍的なものが政界に漂っている。まさに妖怪は滅びずいまもなお自民党を支配しているのだ。

そして、これがまた極めて重要なのだが、マスコミが安倍派忖度から抜けきれないのは、彼らも妖怪に支配されているからではないかということだ。特にテレビ局では過剰なまでの安倍派忖度があると聞く。安倍派の中でもマスコミ支配に熱心だった萩生田光一（はぎうだこういち）自民党政調会長を異様に恐れて「忖度」しているという話もよく聞く。統一教会問題の報道でも萩生田氏への厳しい追及があるべきなのに、実際にはほとんどスルーされたままであるのもその影響だろう。萩生田氏から見れば、勝手に忖度されるというのは迷惑な話、ということだろうが、「勝手に」なのかどうか。親しい政治部などの記者たちと会話する時には、それが圧力と受け取られないか注意した方がいいだろう。

忖度という行動パターンが何年も続いた結果、本文でも述べるが、記者たちの問題認識能力自体が退化してしまったことも深刻な事態だ。面倒なことを避けるうちに、公開情報に隠される重大な問題に気づくことすらできなくなっているのだ。

さらに困ったことがある。

それは、私たち国民の心にもこの妖怪が忍び寄っていることだ。

10年前には議論されることさえなかった敵基地攻撃能力、防衛費倍増、憲法9条改正、原発新増設などの問題に賛成する層が拡大している。安倍氏よりさらに過激な政策を岸田氏が異様な勢いで進めているのに、それを国民が本気で止めようという動きが見えない。

それは、国民の一定数が、安倍的なものに支配されるようになってしまったからなのではないか。一度支配されると、他の意見には拒絶反応しか示さなくなる。議論の余地がなくなってしまうのだ。これが、国民の間に深刻な分断をもたらす。分断は経済面でも深刻だが、政治においても抜き差しならないところまできている。本書が原案となったドキュメンタリー映画『妖怪の孫』の冒頭には、国葬をめぐり市民同士が激しくののしり合う場面が分断の象徴として描かれている。


一方、安倍的なものに支配されず、これに抵抗する人々もたくさんいる。このような思考を保っている人々が微かな望みではある。しかし、実は、その人たちの心の中にも、「どんなに頑張ってもどうせ止まらない」という諦めの気持ちが広がっているのではないか。コロナ禍もあって激減した市民のデモなどの抗議活動は、再開されてはいるが、明らかに力を失っている。これだけの政策、いや、それを超える「国のかたち」の大転換が行われようとしているにしては、反対するデモなどの規模が小さいのだ。これは、福島事故後の反原発デモや安保関連法制反対デモと比べれば明らかだ。

再びマスコミの問題に戻るが、本文でも取り上げたテレビ朝日の報道ステーションへの圧力問題と本書執筆中に起きた2023年2月の総務省の内部告発文書の問題が、実は完全にシンクロナイズして動いていたという事実を発見して驚いたのだが、自民党と政府が一体となったマスコミ支配が完全に根付いてしまったことは、安倍的なものが支配するこの社会を固定化するリスクを示している。

特に、政権や自民党の幹部が警告や脅しを政治部の番記者たちとの「オフレコ」懇談のメモという形で、各社首脳に伝える手法は、永続的な仕組みとして定着してしまったようだ。これは、本文でも紹介する2014年11月の自民党の圧力文書よりも有効であり、しかも外には出にくい。マスコミの復活は思っているよりはるかに難しそうである。

本文で述べた最も重要な点の一つは、岸田首相が「国のかたち」を変えようとしているということだ。「軽武装・国民生活優先」から「重武装・軍事優先」へと日本は変貌するのである。その中には、原発依存度低減路線から原発完全復活路線への転換も含まれる。

このまま2023年春の統一地方選と衆参補欠選挙が自民勝利で終われば、2年間大きな国政選挙がない。ということは、その2年の間に、このまったく新しい路線が確立し、後戻りできなくなるということを意味する。

一方で、妖怪の支配が終わらない限り、日本は変われない。そのために一番重要なのは、マスコミの覚醒だが、これが難しいとなると、国民に正しい情報が伝わらず国民も妖怪の支配から抜け出すことができない。


では、どこに希望があるのか。

これまで日本を動かしていた、私自身を含む大人たち、とりわけ、いまも活躍する高齢男性のリードでは、日本は変われないのではないか。そう考えた時、私は、LGBTQ問題と統一教会問題のリンクがクローズアップされ、この問題に敏感なZ世代をはじめとする若者層が声を上げてくれたことに希望の光を見た気がする。統一教会の被害者救済のための法律ができた背景には、彼らが盛り上げた世論が貢献したのではないか。

本文で書いたとおり、日本に必要な「新しい改革」「効率から公正へ」「人にやさしい、自然にやさしい、そして不公正に厳しい改革」で希望を見出せないのか。「何が何でも戦争をしない」という旗を自信を持って掲げる勇気を野党が持てるのかも重要だ。

日本はいま、文字どおり生きるか死ぬかの最終岐路にある。残された時間がどれくらいあるのか、誰にもわからないが、その時間は、想像しているよりはるかに短いかもしれない。

本文でも、簡単な解決策などないことは繰り返し述べた。しかし、途方に暮れていても、状況は刻々と悪化していくだけだ。

本書を読んで、最低限、いま起きていることの危うさに対して、「危機感」、いや「恐怖感」を心の底から共有していただけたらと思う。それがすべての始まりだ。

そのうえで、諦めるのではなく、どうやったら、この「妖怪の支配」から日本が抜け出すことができるのかを考える。

その第一歩を踏み出そう、あるいは、もう一度歩みを始めようと思っていただけたら。
そして、本書の内容を少しでも多くの人に拡散し、共有していただけたら。
それを心からお願いしたい。

2023年4月

古賀茂明

目次

第2章　10年越しの原発ルネッサンス……077

5-2 権力者たちのメディア弾圧の実態 268

表紙・本文デザイン　伊丹弘司
カバー帯・ポスター　ⓒ2023「妖怪の孫」製作委員会

第1章

安倍首相が築いた「戦争できる国」が本当に戦争を始める日

1-1 「憲法改正」の既成事実化が止まらない

訪米の演説で吉田・岸・安倍と自分を並べた岸田氏の妄想

岸田文雄政権は2022年12月16日、新しい「防衛3文書」(国家安全保障戦略、防衛計画の大綱〈防衛大綱〉、中期防衛力整備計画)を閣議決定した。

最大のポイントは国是とされた「専守防衛」の破棄とも言える敵基地攻撃能力(反撃能力)保有の明記だ。先の敗戦の反省から、日本はこれまで国土防衛に徹し、他国を攻撃しない(その能力を保有しない)ことを旨(むね)としてきた。自衛隊の機能はあくまでも「盾(たて)」であって、「矛(ほこ)」にはならない(米軍が肩代わりする)はずだった。

このことが、国際社会において平和国家としての日本の名を高めた。それを、岸田政権は国会での議論もなくかなぐり捨ててしまったのだ。国民から見れば、騙し打ちである。

加えてこの「3文書」には、防衛費増額と武器輸出規制緩和も盛り込まれた。専守防衛破棄と並ぶ先人が積み上げてきた国家の基本方針の転換だ。憲法の平和主義は事実上廃棄されたと言ってもいい。新3文書の決定は、日本の平和主義が死んだ日として歴史に刻まれることになるだろう。

日本は平和憲法と日米安保条約のもと軽武装・経済重視を標ぼうし、戦後、一貫して防衛費を抑えてきた。1976年にはGDP比1％を超えないと閣議決定した。岸田内閣はそれをいきなり2％に倍増することを決めたのだ。また、日本はこれまで原則として殺傷能力のある武器輸出を認めてこなかった。だが、新3文書の閣議決定を受け、早くも〝解禁〟に向けての動きを始めている。

日本は既に世界9位の予算規模を誇る軍事大国だが、先制攻撃もできる本当の意味での軍事大国に脱皮するのである。しかも、政府内や日米間での議論はまったく国民に知らされないまま、常に結論だけが「与えられる」という手順を踏む。岸田首相は、2023年1月に訪米した際、首都ワシントンにあるジョンズ・ホプキンズ大高等国際関係大学院（SAIS）で講演した。

「（防衛3文書改定は）吉田茂元総理による日米安保条約の締結、岸信介元総理による安保条約の改定、安倍晋三元総理による平和安全法制の策定に続き、歴史上最も重要な決定の一つであると確信しています」と自画自賛したのだ。日本の軍事大国化の歴史の中で、岸田氏が吉田・岸・安倍に並ぶ巨人のように聞こえるが、勘違いも甚だしい。

対米追従主義を採りながら安全保障は米国に任せて軍拡を拒否し経済成長に専心した吉田茂氏。A級戦犯でありながら戦後はCIAの手先となりつつも自主憲法制定を夢見た〝昭和の妖怪〟岸信介氏。そして、その妖怪から自主憲法の夢を受け継ぎ、さらに真の軍事大国化を目指した〝妖怪の孫〟安倍晋三氏。彼ら3人には毀誉褒貶があるが、それぞれ内容のある夢があった。しかし、岸田氏には実のある夢はない。あるのは、偉大だと称せられる先人3人と並びたいという空疎な夢だけだ。

岸田首相の講演は、「吉田、岸、安倍氏同様、私も『対米追従路線』を採ります。ご安心ください」という宣言でしかなかった。

そして、この路線を大胆に推し進められるのは、米国の支援があることはもちろんだが、何よりも安倍元首相の力が大きいという点は重要だ。2022年7月の参議院選挙中に凶弾に倒れた「安倍氏の力」がいまも大きいということこそ、本書のメインテーマ〝妖怪〟に関わっている。後に述べる通り、安倍氏は、戦後日本が守って来た平和主義の基本的なルールを次々と破壊して、戦争ができる国づくりを進めた。

これは、安倍長期政権最大の「負の遺産」と言っていい。しかも、安倍氏の死後、戦争に向かう力は弱まるどころかむしろ強化されている。岸田首相は安倍氏が敷いたレールの上を走っている、というよりも、走らされている。「はじめに」で書いた通り、得体のしれない何らかの力、それを本書では比ゆ的に〝妖怪〟と呼ぶことにした。その力に支配されて、安倍氏が敷いたレールの上をひた走る岸田首相は、その先に恐ろしいリスクが潜んでいることを果たして理解しているのだろうか。

安倍政権が桁違いに増やした防衛費とその動機

もう一度繰り返すが、岸田政権の安全保障政策は、単純に安倍政権が敷いた路線に乗って進められているだけだ。

では、安倍氏の外交安保政策とは何だったのか。時々の事象を断片的に見ているだけでは全体像や大きな流れを見失う。そこで、安倍氏が何をやったのかを再確認したうえで、その先に安倍氏が目指していた大きな「夢」が何だったのかを明らかにすることにしよう。

まず防衛費について。岸田首相が防衛費をGDP比1％から2％へ倍増と言い出した時に驚いた人も多いだろうが、〝増額〟は安倍政権時代から既に顕著になっていた。

日本の防衛費は前述のように1976年、三木武夫政権の時に軍事大国化を防ぐという

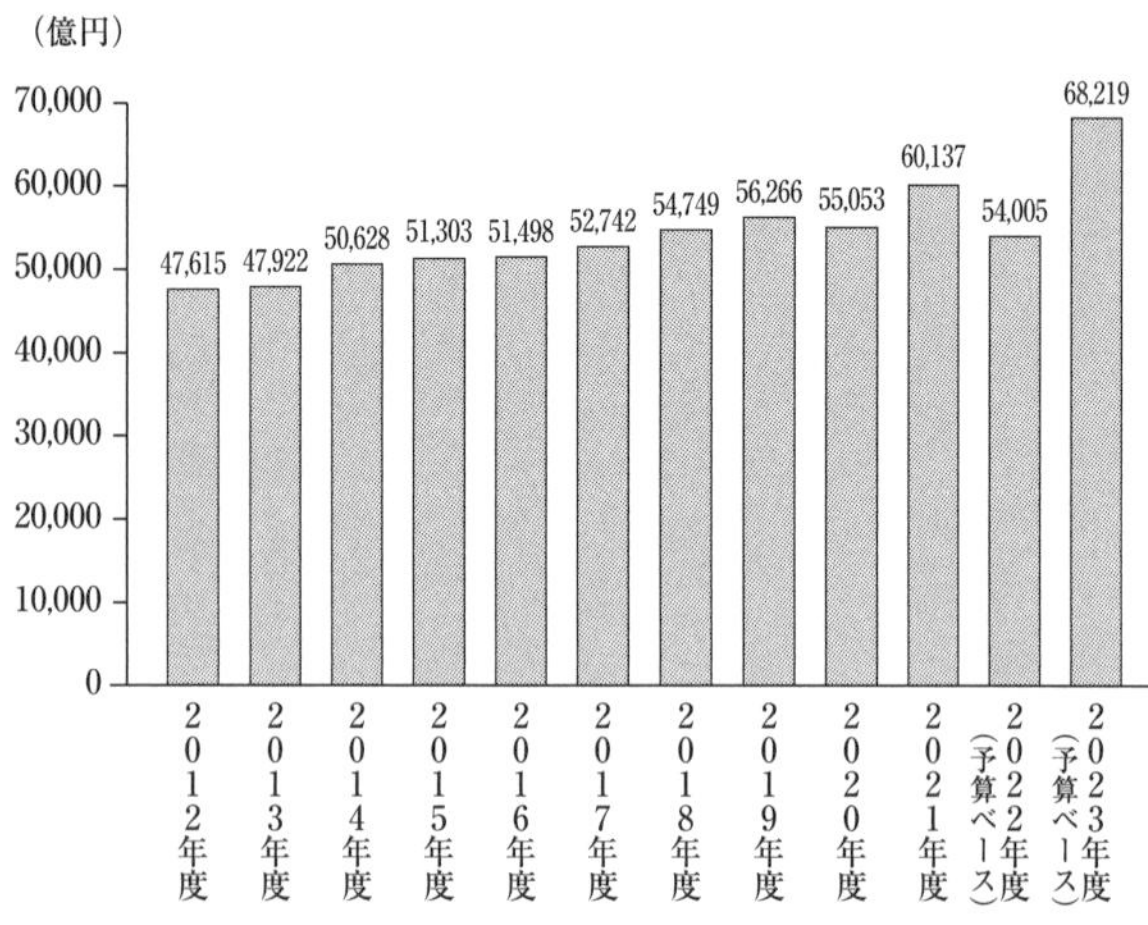

思いを込めて「１％枠」がはめられた。１９７８年に当時の中曽根康弘首相がこれを撤廃したが、歴代政権はＧＤＰ比１％を防衛費の暗黙の基準にしてきた。

ところが安倍氏は、「安倍政権では国内総生産（ＧＤＰ）の１％に抑える考えはない」（２０１７年３月２日　参議院予算委員会）と、いとも簡単に先人たちが築いてきた戦争抑止のための日本の根本規範を投げ捨てた。

その結果は、防衛関係費の絶対額の推移に如実に表れている。

防衛費は第二次安倍政権以前は５兆円を超えることはなかったが、安倍氏が２度目の首相になって以降、右肩上がりでほぼ毎年のように過去最高額を更新した。防衛費の正確な水準は私たちがよく目にする各年度の当初「予算額」ではわからない。年度途中の補正予算を加え若干の使い残しを引いた最終的な「決算額」が実際に使われた額である。

そこで、あまり報道されない第二次安倍政権が誕生した2012年度以降の決算額（2022年度と2023年度は予算額）を並べてみると、既に5兆円の壁を突破し、2021年度には既に6兆円を突破していた。2022、2023年度は当初予算額なので実際の決算額はこれを大きく上回るはずだ。

しかも、ここには「後年度負担」＝「兵器ローン」というカラクリが隠されている。自衛隊が購入する兵器は高額のため、複数年度の分割払いにすることが多い。購入代金の一部しか予算に計上されないため1年目の予算額は小さくなるが、残額が次年度以降に「ツケ」として残る。特に米国製武器は割高なうえに、後に述べる通り言い値で買わざるを得ない仕組みを強要されるので、安倍政権時代の米国製武器〝爆買い〟は後年度負担を急増させた。その結果、年間の防衛予算を上回る5兆円超となったのだ。〝異次元〟の防衛費増額は実は、〝妖怪の孫〟が率いる安倍政権時代から始まっていたというわけだ。〝妖怪の孫〟は岸田首相になってからも露骨に政権を操り続けた。

2022年6月（安倍氏銃撃直前である）に岸田政権発足後初めて作成された経済財政運営と改革の基本方針（骨太の方針）には「5年以内に防衛費をGDPの2%まで増やす」ことが明記された。原案には「防衛力を抜本的に強化する」とだけ書かれていたが、安倍氏からの強い要求によって具体的な期限と数字が明示されたと新聞各紙が報じている。総理の座を降りた後も絶大な力を持っていることを見せつけた格好だ。

解釈改憲による集団的自衛権行使解禁を「テロ」と呼んだ官僚たち

アメリカと一体化した軍事大国化路線は第二次安倍政権発足直後から急速に進められていた。中でもとてつもなく大きな「事件」と言えるのが、集団的自衛権行使の容認だ。

集団的自衛権とは、自国と密接な関係にある外国に対する武力行使があった時に、自国が直接攻撃されていないにもかかわらず、一定の厳しい制約条件の下に、必要最小限度の実力を行使する権利だ。この制約条件について、非常に厳しいものだと政府は解説しているが、それは嘘だ。

2014年（今年）7月14日の衆議院予算委員会における質疑で、集団的自衛権を行使しないことで日米同盟が深刻な影響を受ける場合には行使容認の条件を満たすのかと聞いた岡田克也議員に対して、当時の岸田外相は、満たす可能性が高いと答弁している。当時私は非常に驚いたのを記憶している。米軍の支援要請を断ると信頼関係が壊れ、それ自体が日本の存立危機事態になるという驚きの解釈だ。米軍から強い要請があったらまったく断れないというのと同じ。これは、「アメリカに守ってもらう」という立ち位置を米軍とともに自衛隊が戦争するという立ち位置に変更するものである。

歴代政権では、憲法9条があるためこれは「できない」、つまり、「集団的自衛権行使は違憲」という立場を堅持していた。例えば、1970年代にはアメリカから日本に対してベトナム戦争への自衛隊派遣の圧力が強まったが、当時の田中角栄首相が憲法9条を盾に毅然と断った逸話が残されている。

ところが、安倍氏は自ら喜んでこれを解禁する道を選んだ。集団的自衛権の行使容認は、本来なら憲法9条を変えなければできない。憲法改正は安倍氏の悲願だが、それをせずに憲法解釈の変更で既成事実を作る道を選んだ。改憲には時間がかかる。それでは防衛費を増大しても戦争ができない。米国と一緒に中国と戦うことを想定していた安倍氏には、「時間がない」という感覚があったのだろう。もちろん米国も喜んでくれるということも大きな要素としてあったはずだ。こうして安倍氏は「裏道」を突き進んだ。

その伏線は第一次安倍政権時代にあった。2007年に首相の私的諮問機関として安全保障有識者懇談会（安保法制懇）を設置し、「集団的自衛権行使は憲法9条に反しない」という報告書を作らせ、〝憲法の番人〟といわれる内閣法制局に憲法解釈の変更を指示した。だが、当時の宮﨑礼壹長官の抵抗を受けて頓挫したという経緯があった。

そこで、第二次政権で何をやったのかというと、政権発足の翌2013年8月、なんと内閣法制局長官の首を挿げ替えたのだ。当時の法制局長官山本庸幸氏を更迭。駐仏大使だった外務省の小松一郎氏を〝抜擢〟する人事を強行したのである。異例中の異例である。

内閣法制局は1952年の発足以来、総務（自治）、財務（大蔵）、経済産業（通産）、法務の4省出身者が交代で長官に就いていた。法制次長から長官に内部昇格する原則もあった。これは、戦前の反省から政治の介入を防ぎ、内閣が代わっても専門家集団が一貫して客観的な憲法・法律解釈を行うために先人が築き上げた智恵だった。

安倍氏は、それもアッサリ変えてしまった。「前例踏襲の順送り人事はしない」と当時官房長官だった菅義偉氏は説明したが、「憲法の解釈を変えたい」という安倍氏の都合だったことは明らかだ。

第二次政権発足前後、安倍氏サイドは当時内閣法制局長官だった山本庸幸氏に解釈改憲を複数回打診したが、答えはいずれも「できません」ということだったという。それは、99・9%の憲法学者の常識だから、当然だろう。山本氏は後に朝日新聞のインタビューに答え、2013年6月頃、官房副長官だった杉田和博氏から「7月の参院選の後に、君には辞めてもらうから」と通告されたことを明かしている。

これは衝撃的な〝事件〟だった。これで「政権の方針に従わない官僚は更迭される」という見方が広まり、霞が関は大きく変わってしまった。

ちなみに、安倍政権の官僚支配は「内閣人事局」創設によってもたらされたという解説を目にするが、それは官邸や内閣官房などの政権中枢にいる幹部官僚たちが実際に何を考えているかを知らない人（官僚の中にもいる）たちの論評に過ぎない。法制局長官更迭は、内閣人事局設置（2014年5月）のずっと前に行われたことがそれを示している。

元官僚の私から見ると集団的自衛権は合憲だという解釈を本気で打ち出したことは「目が点になる」ほど驚愕の事件だったが、私が覆面インタビューをした霞が関の中堅官僚二人の話を聞くとそれ以上に深刻な影響があったということがわかった（映画『妖怪の孫』でその一部が公開されている）。彼らの言葉を引用してみよう。

「そういうこと（集団的自衛権が違憲であるということ）を勉強して、試験問題を受けて

（霞が関に）入ってきましたからね。全部ひっくり返されて何を信じていいのかっていう感じはします……全然違う世界になってしまったという感じです」と一人が語ると、もう一人は「ここまでやるのかっていうことですよね……時の総理大臣がルールを無視して『テロ』をやるんだと」とさらに厳しいことを口にした。官僚にとっては怒り心頭の事態だったのだろう。最初の一人が「何か法律を作ろうと思ったら、内閣法制局というのは霞が関でも一番厳しい関門で、関門を作っている人が１８０度、昨日までと言うことが変わってしまって、頭が真っ白になりました」とさらに言葉を加えた。

集団的自衛権行使が「違憲」であることは、大学の法学部を出た人にとっては常識だった。霞が関の官僚も全員が同意見だろう。それを、人事権を使って「合憲」にした。権力を濫用して憲法の根幹、国のかたちを大転換したのだ。「テロ」という言葉はそれを見事に表現している。「クーデター」と言ってもいいだろう。それくらい歴史的な暴挙だった。

新しく内閣法制局長官になった小松氏は行使容認への道筋をつけたが、２０１４年５月に体調を崩して辞任する。後任には法制次長で元検事の横畠裕介氏が昇格した。彼の常識も集団的事件権行使「違憲」だったはずだが、安倍氏の強権には逆らえなかった。

この一連の事件は霞が関の、なかんずく政府中枢に近い幹部官僚に最大級の影響を与えた。神聖不可侵であったはずの法制局長官人事を自らの意のままに動かしたからだ。この手法を見れば、財務省の次官でも「明日は我が身」という恐怖を感じたに違いない。

これが、安倍政権の「はじめの一歩」だった。そして、その後は、官僚人事に容赦なく介入することを自ら売り物にしていたこわもての菅官房長官（当時）が前面に立って人事権を振るい、恐怖政治で官僚を押さえつける手法を確立していった。霞が関の官僚からすれば、官邸の言うことは「神の声」となっていったのだ。

安倍氏が開いた武器商人への道

この強引な憲法解釈変更と同時並行で行われたのが武器輸出の解禁だ。戦後日本は憲法の平和主義に基づいて国際紛争を助長しないという理念のもと、武器の輸出を全面的に禁止してきた。

１９６７年佐藤栄作政権の「武器輸出三原則」では「国際紛争の当事国またはその恐れがある国」など三つの原則にあたる場合は武器輸出を認めない、とした。76年の三木武夫政権は、さらに一歩進め「三原則以外も『武器』輸出を慎む」という「武器輸出に関する政府統一見解」を発表した。日本は、外国に武器を売らない国だった。

この三原則の変更に最初に手を付けたのは中曽根康弘政権だった。1983年1月にアメリカなど同盟国に対してのみ武器技術を供与できることが国会で決まった。

武器技術輸出は、当時の通商産業省と大蔵省が所管していた。私は、通産省の武器技術輸出担当課の係長だったので、当時のことをよく覚えている。予算審議が何度も止まり、年度内の予算成立が危ぶまれるという政権にとっての修羅場が何回もあったが、中曽根政権は不退転の覚悟でこれを実現した。

しかし、それでも解禁されたのは武器「技術」の輸出だけで、あの中曽根内閣でさえ、武器そのものの輸出に手を付けることはできなかった。

それを安倍政権では大きな議論もないままに180度転換してしまった。

2014年4月1日に武器輸出三原則に代わる新たな政府方針として「防衛装備移転三原則」を閣議決定したのだ。「防衛装備移転」と言い換えているが、これは「武器輸出」に他ならない。曰く、「平和貢献などの推進に資する場合または共同開発・生産や安保協力など日本の安全保障に資する場合は（武器輸出を）認める」。一気にタガが外れた瞬間だ。ここまでくれば、その延長線上にさらなる武器輸出拡大があることは誰の目にも明らかだった。

現に、岸田政権ではウクライナ危機を念頭にさらに一歩進めて「国際法違反の行為を受けている国や武力による威嚇を受けている国などには輸出を解禁する案」が検討され、さらに殺傷能力のある武器の輸出にまで突き進もうとしている。国際法違反の認定を誰がするのか。その解釈いかんによっては、政府の「好きな国」への武器輸出が可能になる。武器輸出のルールが事実上崩壊し、日本が「武器商人」になる道が開かれるのだ。

平和主義の終わり?

2015年9月19日未明、参議院本会議で集団的自衛行使などを盛り込んだ安全保障関連法案が成立した。これによって、日本の自衛隊がアメリカの戦争に巻き込まれるリスクが飛躍的に高まった。また、自衛隊は世界中どこまでも後方支援の名目で他国軍への弾薬・燃料の補給などができるようにもなった。自衛隊ではなく他衛隊である。

憲法が掲げる平和主義とはどう見ても相容れない。平和主義が決定的に毀損された瞬間だ。

この法案の採決を阻止しようとする市民の大規模なデモが国会を包囲したが、安倍氏は完全に無視した。国会で圧倒的多数を保持し、野党を恐れる必要がなかったからだ。しかも、実は野党の中にもこの法案に賛同する人がいた。民主党のある幹部は、法案成立後、親しい官僚に、「よかったね。ご苦労さん」と声をかけたという話まであるくらいだ。

一方、この法案に反対していたリベラル派市民の間には絶望感が広がり、その後安倍政治への反対運動は一気に衰退した。安保関連法案は憲法の平和主義を破壊したうえに、平和主義を守る勢力をも打ち砕いたと言ってもいい。日本の歴史に残る一大事件だったのだ。

さらに、この法律は日本のイメージを根本から変えるリスクがあった。アフガニスタンで長年支援活動を行っていた医師の中村哲氏の国会での発言はこれを端的に示している。

「(アフガニスタンにおける)日本に対する信頼というのは絶大なものがあるのですね。それが、軍事行為に、報復に参加することによってダメになる可能性があります。……当地の事情を考えますと有害無益でございます。かえって私たちのあれ(信頼、安全)を損なうということははっきり言える」「ジャパニーズアーミーがアメリカンアーミーに協力しておる、こうしか見られないわけですね、どう見ても」。

この言葉からわかるとおり、日本が米国とともに海外に出るほどテロのターゲットになるリスクが増すということである。

自分が褒められたいだけで日本を売った安倍元首相

では、なぜ安倍氏は自民党の先人たちが積み上げてきた〝この国のかたち〟を何の憂いもなくかなぐり捨て、米軍と一体となった軍事大国化を進もうとしたのか。

安倍氏の政策には「日本を守る」という建前があった。しかし、本当は「日本をどうしたい」というより、「自分がどうなりたいか」ということが先にあった。なぜそうだと言えるのかと言えば、本気で日本を守る気があるのなら、何よりも日本の経済力を高めること、そして少子化を止めることが最優先の課題であるのに、それらについては、すべて「やってる感」の演出だけでお茶を濁したからだ。

自民党保守派には、中国との戦争も辞さずという声がある。だが、中国は経済規模が日本の3倍の大国だ。そこと戦えば、戦費は膨大なものになるが、米国に戦費の支援を頼むことはできない。日本は世界第三の経済大国である。ウクライナとは違い自ら賄うのは当然だと米国民は考える。

一方、子育て支援のための増税でも困難なのに、戦争のための大増税など国民は大反対だろう。経済も大増税に耐える力はない。結局、「戦費調達国債」しかないのだが、それが市場に伝われば日本国債は暴落し、格付けもジャンク債になるだろう。そして日本国民の貯蓄が一斉に海外に流出する。国債を買う者などいない。結果、日銀が輪転機を回して政府に円を供給するということになる。日本の信用は崩壊し、円は暴落。輸入物価は天井知らずの暴騰となる。つまり、日本は破綻するのだ。

さらに深刻なのは、現場の兵士の確保策だ。

自衛隊は若手が不足し定員割れが続く。戦争が始まれば人員不足が露呈し戦争継続が不可能になる。徴兵制でも導入するのだろうか。

こう考えると、日本が戦争するのは自殺行為だ。「国民を守る」には、とにかく「戦争だけは避ける」しかない。軍備増強すればいいと考えた安倍氏は一体何を考えていたのか。

その根底にあるのが祖父岸信介氏に対するコンプレックスと大国アメリカに対する媚びへつらい、そして異常なまでの承認欲求ではないかと私はこれまで推測してきた。

だが、岸信介氏が目指した「自主憲法制定」と孫がやろうとした「憲法改正」とでは、天と地ほどの違いがある。安倍氏は、とにかく戦後誰も変えることができなかった憲法をほんの一部分でも変えることができれば、実績になると考えたのではないか。

だから、普段は勇ましく自主憲法制定を掲げていたのに、自民党が政権与党に返り咲いた2012年12月の総選挙では、政権公約として憲法96条の先行改正を掲げ、首相就任直後の衆議院本会議でも96条改正に取り組む方針を明言した。憲法96条とは、憲法改正発議の要件を定めた条文で、明らかに本丸を外れた議論だった。このため、「96条改定」論の評判はすこぶる悪かった。すると安倍氏はすぐにこれを引っ込めて、また9条改正などと言い出した。これを見ただけでも、安倍氏には国家観などまるでなく、ただ表面上、どこでもいいから憲法の文言を変えさえすれば「祖父を超えられる」と思っていたのではないかという疑いが強まるのである。

1–2 どこまでもアメリカの戦略に従った安倍政権

母洋子氏へのリベンジが改憲の動機だったという驚きの証言

安倍晋三個人について最も深く取材してきた元共同通信記者でジャーナリストの野上忠興（のがみただおき）氏は、映画『妖怪の孫』のためのインタビューで次のように話している。

「心の中では、母親に対する恨みというのはあるわけですよ。『俺を一切面倒も見ないでね、愛情も注がないでなんだ』と。『冗談じゃねえ』と。『それで、勉強もしないとかああでもないこうでもないと言って、俺をバカにするんだったらね、よし、この母親を俺が見返してやる』と。じゃあ、『見返すために何が一番いいかと言ったら、母親の父である岸信介を超えることだ』と。じゃあ、『超えるって何か』と。憲法改正しかないわけですよ。で、憲法改正へ、彼は絶対岸を超えるという信念の下に。それで、何でも一番じゃなきゃ済まない安倍の心は満足するわけですよ」

　この話を聞くといろいろな疑問が一気に氷解する。安倍氏の憲法改正への執着の源（みなもと）は、母洋子氏への恨みとそれを晴らすために祖父、岸信介氏を超えるという野心だったというのだ。これまでよく言われていた岸信介氏の信念を受け継いだという話とはかなり違う。信念を受け継いでいたのなら、自主憲法制定に突き進んだはずだが、安倍氏の行動は言葉とは裏腹にいつも中途半端で「いい加減」なものだった。

　それは彼の動機が非常にひねくれた個人的な恨みからきていたことによるのである。それを聞くと、安倍氏が２０１６年７月の参議院選挙の結果、自民党中心の改憲勢力が衆参両院で３分の２以上を占めたのに「憲法改正」を実行に移さず口だけで終わったことにも納得がいく。

議会での演説で「米国隷属」を堂々と宣言

母洋子氏へのリベンジのために岸信介氏を超えようと考えたということから、安倍外交の根底にある卑屈なまでの対米コンプレックスの原因も見えてくる。それが垣間見えるのが、2015年4月にアメリカ連邦議会上下両院合同会議で行われた安倍氏の演説だ。

「1957年6月、日本の総理大臣としてこの演台に立った私の祖父、岸信介は次のように述べて演説を始めました。『日本が世界の自由主義国と連携しているのも民主主義の原則と理想を確信しているからであります』」。そう語り始めた演説は約46分に及び、徹頭徹尾、アメリカ合衆国への憧憬にあふれていた。曰く、

〈アメリカは150年前に日本に民主主義を教えてくれた。（学生時代に留学して）アメリカは凄い国だと驚いた。焦土となった日本にミルクやセーターを送ってくれた。アメリカ経済の最大の便益を受けたのが日本。アメリカが日本の繁栄を育てた。戦後、世界の平和と安全はアメリカのリーダーシップなくてはあり得なかった。（祖父の言葉にあるように）アメリカと組み、西側世界の一員となる選択をしたことは本当によかった……〉（要

旨引用＝原文は英語。全文は外務省のホームページに掲載）。

そして、アジア太平洋地域におけるアメリカの世界戦略（リバランス）を「徹頭徹尾支持します」と明言したのだ。

つまり、祖父岸信介の選択に従い、アメリカの戦略に沿ってどこまでもついていきますと宣言したようなものだった。祖父が演説したその同じ舞台に立てたことで、安倍氏の承認欲求も大きく満たされ、さぞかし高揚感に包まれたことだろう。ただし、まだ祖父を超えたとまでは言えない。彼の望みはさらにおかしな方向に進んでいく。

安倍氏はアメリカに対して一見アンビバレントな感情を抱いているように見えた。国内では「アメリカは日本に憲法を押し付けてきた」などとアメリカの悪口を言っているくせに、アメリカの要人たちの前ではいかにもアメリカに心酔しているかのように振る舞う。両者を知る人から見ると支離滅裂なのだが、そこには彼の秘かな目的が隠されていた。

とにかくアメリカの政治家、とりわけ大統領と仲良くなりたい。その一心だったのだ。

それが端的に表れたのが２０１６年のアメリカ大統領選挙だ。民主党ヒラリー・クリントン候補と共和党ドナルド・トランプ候補の戦いだった。安倍氏は、選挙まで２カ月を切った同年９月に突然、訪米してクリントン候補と会談した。選挙直前に一国の首相が一方の大統領候補のみと会談するのは極めて異例だ。それにもしクリントン敗北なら大失態だ。だが異例であるからこそ、また、リスクがある時だからこそ価値があると考えたのだろう。当たれば、クリントンとものすごく仲良くなれると夢見たうえでの行動だ。

安倍氏は「勝負師」だったからと言う人もいるが実はその時点の調査ではクリントン候補が圧倒的に有利とされていた。本命狙いだったということだ。勝負師ではなかった。

選挙結果は周知の通りトランプ勝利。慌てた安倍氏が今度はニューヨークのトランプタワーに54万円もするゴルフクラブを持って駆け付けた話は有名だ。当時は大統領就任前で外交儀礼も何もない。国際感覚からしても異様だった。プライドをかなぐり捨てて選挙前にクリントン候補を訪ねたことに平身低頭、仲良くしてと懇願したというわけだ。

ことほどさように安倍氏は米国大統領と仲良くなるためには恥も外聞もなくどこまでも米国に尽くすことになった。それが、「対米従属」と批判された安倍外交の真相だ。

彼の野望はどんどん膨らんでいった。祖父を超えるのはもちろん、世界のリーダーとしてG7（先進7カ国）の中で一目置かれたい。さらにはフランス大統領を超えて、できれば米国最大の同盟国であるイギリス首相と肩を並べる米国大統領の〝盟友〟という地位を得たいと考えるまでになったのではないか。

そこまでいけば、憲法改正ができなくても、文句なく母親、そして彼をバカにし続けた安倍一族へのリベンジとなる。「アメリカ大統領の最高の友人になったぞ」「どうだ、参ったか」と彼らを見下してやりたかったのだ。

大物に憧れて「差し出す」だけだった安倍外交

外交はギブアンドテイクの関係だ。相手国から何かを得るためには何かを与えなければならない。逆に言えば、何かを与えるなら何かを取り返すのが外交だ。ところが安倍外交は、自ら媚を売り、アメリカの意向どおりに動くだけで、一切何も取れなかった。唯一得たものといえばトランプ大統領の別荘で一緒にゴルフをさせてもらい、自撮りでツーショット写真を撮らせてもらったことくらいだ。

トランプ氏に限らずアメリカから見るとこれほど美味しいことはない。しかし、安倍氏から見ても、ネットに米大統領の写真をアップできることほど、彼のリベンジのためになる「大きな成果」は他になかったのではないか。

差し出すのがゴルフクラブ程度であれば、目くじら立てる話ではない。しかし、安倍氏が差し出したのは、集団的自衛権の行使容認、敵基地攻撃能力の保有、武器爆買い、防衛費倍増、台湾有事を含めた自衛隊の米軍との一体化など、いずれも日本の安全保障上の負担を一方的に増大させるものばかりだった。日本側は何も得るものがないのに、これだけの負担を自ら背負いこんで、しかも憲法を踏みにじり、戦後の日本の平和主義の国の形を変えてしまう。国益にとってマイナスどころの話ではない。まさに国賊ものだ。

そして、その悪影響は、既に相手に献上してしまったものだけにはとどまらない。もっと深刻なのは「差し出すだけ」の外交の定着によって日米関係の相場観が変わってしまったことだ。端的に言うと、アメリカは「日本はどんなことでも米国が望めば進んでやってくれる」と思うようになってしまったのだ。

かつてはアメリカからさまざまな要求があっても、日本が全部受け入れることはなかった。もちろんアメリカの方が立場が強いことに変わりはないが、それでも日本が筋を通して説得すれば、アメリカ側が譲歩することもなくはなかった。

ところが、安倍政権は要求もしていないのにアメリカの利益になるようなことをやってくれて、見返りは求めない。アメリカにとって都合のいい最高のパートナーだ。トランプ氏が「シンゾーは私のベストフレンドだ」と言う意味がおわかりいただけたと思う。

話は少し横道に逸れるが、安倍氏の「強い指導者」に憧れる姿勢は、褒められたものではないが、一貫していた。ロシアのプーチン大統領との関係もそうだ。27回もの首脳会談をして、貢物を貢ぐだけ貢いで、結局、ロシア側からは1ミリの譲歩も引き出せなかった。それどころか、安倍氏のおかげで、北方領土は永久に返ってこなくなってしまった。本人に自覚があるかどうかはわからないが、この責任だけでもやはり国賊ものだ。

すべては国益のためではなく自分のリベンジのため。トランプやプーチン大統領のような大物と肩を並べて親しそうに見せることが、安倍氏にとっては何より重要だった。

拉致被害者救済も自分のための演出

こんな話もある。安倍氏の国葬に際して諸外国の首脳からたくさんの弔意が寄せられた。国葬を実施する根拠として岸田首相もそれを強調した。これを聞いて、さすが「外交の安倍」だと思った人もいたと思う。だが、知り合いの元財務省幹部に言わせれば「安倍さんは海外に行くたびにバラまきをしてきたからね。それも尋常でない額だった。途上国などから〝特別な人〟としてすごく感謝されて当然。バカらしい話だよ」ということになる。「国民の税金で個人の人気を買った」わけだ。この財務省官僚は国葬を念頭に置いて「カネで買った弔意ですよ」と吐き捨てるように呟いた。

言うだけ、やってる感の演出だけというのが安倍政治の本質だったが、人道的にも非常に問題だと思うのが北朝鮮による拉致問題への対応だ。周知のとおり、拉致問題は安倍氏の〝ライフワーク〟とされ、北朝鮮に対する強い姿勢が保守層の支持を集めた。これが、政治家安倍晋三の力の源泉となり、首相に上り詰める原動力となったと言われる。だが、本気で被害者奪還に取り組んだのかというと、とてもそうは思えなかった。

事実、「やるやる」と言いながら、約8年にも及ぶ超長期政権だったにもかかわらず拉致問題は1ミリの進展もなかった。

2002年9月に当時の北朝鮮トップだった金正日総書記との首脳会談を実現し、拉致被害者5人の帰国に成功した小泉純一郎首相（当時）とは大違いだ。小泉首相は、当時外務省アジア大洋州局長だった田中均氏に密命を与え、水面下での秘密交渉を続けた。このことを知っていたのは、政権内でも片手の指で数えられるほど少数だったという。

問題を本気で解決しようというのは、こういうことだ。

ところが安倍氏は拉致問題の解決より保守層の支持固めに使うことを優先した。北朝鮮に強硬姿勢を見せるパフォーマンスだけで、肝心なパイプを本気で作ろうとはしなかった。〝盟友〟のトランプ米大統領が北朝鮮の金正恩総書記と会談するという絶好のチャンスにも伝言を託すだけ。北朝鮮に関与してきた米ロ中韓がいずれもトップ会談を実現したのに、日本だけ蚊帳(かや)の外(そと)になってしまった。それでも、安倍氏は動かなかった。下手に北朝鮮に譲歩したように見えると右翼層から批判されるのでそれを避けようとしたのだろう。自分が「弱い」と見られること自体が嫌だったのかもしれない。「自分をどう見せたいか」ということのために、拉致被害者家族を弄(もてあそ)んだと批判されても仕方がない。

後藤健二さん見殺し事件で見えた「安倍首相は確信犯」

もうひとつ、忘れてはいけないのがイスラム国（ＩＳ）に拘束されたジャーナリストの後藤健二さんを見殺しにした事件だ。これこそ安倍外交の最大の汚点といってもいい。

２０１４年11月頃、中東のシリアで取材中の後藤健二さんが武装グループに拘束された。数日後、ＩＳ関係者を名乗る人物から数十億円の身代金を要求するメールが家族に届いた。翌１５年１月20日には、ＩＳから日本政府に対して「72時間以内に2億ドルの身代金の支払いがないと人質を殺害する」という動画がＹｏｕＴｕｂｅにアップされて、日本中が騒然となった。後藤さんともう一人、民間軍事会社を経営していた湯川遥菜(ゆかわはるな)さんも一緒だった。日本人がＩＳに拘束されたことは、それまで表に出ていなかった。もちろん官邸は知っていたが、動画公開までの2カ月半以上有効な手を打てていなかった。

当時、集団的自衛権行使を認める安保関連法案の準備中だった安倍政権は、その法律が必要とされる根拠として、「中東危機への対応」を想定していた。中東の紛争でホルムズ海峡が封鎖され日本への原油供給が途絶える事態で、アメリカ（米軍）が戦っているのに日本（自衛隊）が助けに行かなくていいのか、というロジックだ。そんな状況下で、後藤さんらの拘束情報が官邸に入ったのだ。

私が許せないと思ったのは、安倍氏がこの情報を知りながら、２０１５年1月16日からの中東歴訪を強行したことだ。

実はこの時、拘束情報をいち早くつかんだ「週刊ポスト」が取材に動いたが、外務省から「人質の命にかかわる」と報道の自粛を要請され、それに従ったということがあった。人質事件は、極めてセンシティブなことを理解した上での対応だ。当然ながら外務省は、安倍氏に対しても「やめてくれ」と言ったはずだ。安倍氏が中東訪問すれば、ＩＳを刺激することは確実だからだ。それにもかかわらず、政権浮揚と安保関連法審議の下地作りのために、安倍氏はあえて中東訪問を断行したのだ。

しかもその時、ＩＳから身代金を要求された後藤さんの家族は人質解放で実績のあるロンドンの人権団体を通じての交渉を始めていたのだ。そんな折に安倍氏は中東に飛び、あろうことかイスラム教徒と対立するイスラエルで、日の丸とユダヤ教の象徴であるダビデの星の描かれたイスラエル国旗を前に会見し、その動画がYouTubeを通じて全世界に流された。それだけでもイスラム教徒にケンカを売っているようなものだった。

さらに、エジプトのカイロで1月18日に演説をして、「ISと戦う周辺各国に2億ドルの支援をする」と宣言したのだ。「IS」を名指ししたのは、安倍氏が後藤氏を殺害して欲しかったのではないかという疑いさえ抱かせる。あり得ない話だ。この瞬間に人質解放の道は完全に閉ざされたと言ってもいい。それが何より証拠には、ISからの「2億ドル要求」動画メッセージは、安倍氏の「2億ドル支援」演説の2日後にアップされた。要求額も、安倍氏の支援額に合わせて「2億ドル」になったと言われている。

ISからの動画メッセージに官邸は大パニックに陥った。週刊誌の報道を差し止めてまで国民に隠蔽していた「人質拘束と身代金要求」の事実が突如、公になったからだ。だが、ここに至ってもなお、官邸は後藤さんに冷たかった。アメリカが表向きは「テロリストとは交渉しない」という姿勢を明確にしていたからだ。安倍氏は、アメリカの意向に沿って「彼らに一切譲歩しないし、身代金も払っていない」というアピールがしたかったのだ。

後藤さんが殺害されたと見られる動画は1月31日にアップされた。後藤さん、湯川さんは安倍政権に見殺しにされたのだ。

救出の手段はあった。英BBCやPearson(ピアソン)など欧州メディアは、日本政府はなぜ人質解放交渉で実績のあるトルコではなく、実績のないヨルダンを頼ったのかと疑問を呈した。トルコはその直前にISと交渉して、何十人もの人質解放を成功させていたからだ。普通に考えれば、日本政府はトルコに対策本部を置いてトルコ政府と連携しながら交渉にあたるべきだった。ところが、なぜかヨルダンの首都アンマンに拠点を置いたのだ。

誤解を恐れずにあえて言えば、人質を本気で救う気がなかったのではないか。後藤さんは映像ジャーナリストとして米軍や有志国連合のシリア空爆により悲惨な状況に陥っている女性や子どもの映像をたくさん撮っていたという。後藤さんが帰国して、そんな戦争の悲惨さを伝える映像がテレビを通じてバンバンと流れたらどうなるか。安保法制の議論に影響するのは必至だ。安保関連法の成立は、政権をかけた大博打(おおばくち)だった。憂いは少しでも取り除きたい。安倍氏が、そう思ったとしても不思議はない。

後藤さんの殺害後、安倍氏は記者団の取材に「政府として全力で対応してきたが、痛恨の極みだ。テロリストたちを決して許さない。日本がテロに屈することは決してない」な

ど と憤って見せたが、なぜ人質拘束の情報がありながら中東訪問を強行したのかについての説明はなかった。記者団の何人もから「対応に問題はなかったとお考えか？」との問いが飛んだが、無視してその場を後にした。よほど後ろめたかったのだと思う。

後藤さん殺害事件は私にとっても忘れられない事件となった。ＩＳの殺害予告動画が公開された直後、テレビのワイドショーはもちろんこの事件を取り上げた。その中で、もし安倍氏がこの件を知っていて中東を訪問したとしたら問題だという趣旨の話をした有識者がいたが、翌日以降テレビから姿を消した。それだけではない。

各番組のＭＣらが、「いま、安倍首相はテロリストと戦っている、この時期に政府を批判すれば、テロリストを利することになる」と言って、政府批判を封印したのだ。

私は、これは異常だと思った。そこで1月23日にテレビ朝日の報道ステーションに出演した際、このままでは後藤さんが殺されてしまうという強い危機感を胸に抱きながら、「安倍首相の中東での演説はＩＳへの宣戦布告に等しい。普通の日本人は誰とも戦争をしたくないのに、安倍さんは戦争すると言っているように取られる。だから英語で自分たちは違うという意味で『I am not Abe』と掲げるべきだ」と口頭で発信した。

この私の発言に激怒したのが菅義偉官房長官だった。「オンエア中に」長官の二人の秘書官から番組幹部にメールで抗議が入った。そのうちの一人が警察庁出身の中村格氏だ。伊藤詩織さんレイプ事件の容疑者、山口敬之氏の逮捕直前にそれを止めた男としても有名だ。

日本の国民がまさに、中東でテロリストによって殺害されかかっているそのさなかに、テレビコメンテーターの発言にいちいち抗議をしてくる暇があるとは。開いた口が塞がらなかった。この政権にとっては外国での邦人保護よりメディア工作による政権浮揚の方が重要なのだと改めて感じた。人命軽視内閣のそしりは免れない。

ちなみに、この圧力を受けて、直後の2月に、私の3月末での報ステ降板が決まった。

アメリカのいいなりで武器購入の安倍政権

安倍氏は米国大統領に取り入るために米国製武器を爆買いした。買った武器が日本の防衛の役に立たなくても問題ない。唯一重要なのは、米大統領が喜ぶということだった。

そうした〝浪費的爆買い〟の典型例が2018年のF35戦闘機105機の追加発注の決定だった。1機約116億円(今後どこまで値上げされるかわからない)。単純計算で約1兆2000億円だ。戦闘機は、不具合に備えて特定機種に偏らないよう、どこの国の軍隊も3～4機種を保有するようにしている。ところが、安倍氏の爆買いによって航空自衛隊では将来、F35が5割超を占めることになった。〝異次元の〟爆買いである。

河野太郎防衛相（当時）の英断で配備中止となった1基1224億円もする弾道ミサイル迎撃システム、イージスアショアもトランプ大統領に言われて2基購入を閣議決定していた。他にもオスプレイ17機、約2000億円を言われるがままに購入を決めている。

こうした米国製武器の〝爆買い〟は「対外有償軍事援助」（FMS）と呼ばれる特別な仕組みを使って政府間で取引される。FMSは、価格が事実上米国の言い値になることや途中で開発費が上乗せされたり、前払いさせられるうえに納期が遅れることが多く、さらに精算金の支払いも遅れるといった問題が会計検査院から指摘された。だが、安倍氏には関係ない。米国に有利な契約方法ならトランプ氏にさらに喜んでもらえるからだろう。

2014年にFMS契約で導入を決めた無人偵察機グローバルホークは米国メーカーが主要部品の一部生産を中止したなどの理由で納期が遅れたうえ、米政府は当初3機で510億円とした見積りを630億円に値上げすると通告してきた。防衛省は導入中止を検討したが、アメリカに配慮する安倍官邸はそれを許さなかった。

FMSは第二次安倍政権発足前は最大でも1600億円程度だったが、トランプ大統領になった2015年以降は一気に7000億円を超え、岸田政権下でさらに拡大し、朝日新聞によれば2023年度は過去最高の1兆4768億円に上った。トマホーク2000億円など敵基地攻撃のための武器購入が盛り込まれた結果と説明されているが、米政府が日本の予算が増えることを見越して、アメリカで使えなくなった「有象無象（うぞうむぞう）」の兵器を高額で吹っかけてきた可能性は否定できない。この道筋をつけたのも安倍氏だった。

トランプ大統領と仲良くラウンドするためのゴルフチケットがいかに高くついたかが、これでおわかりいただけたと思う。

しかし、これは「安倍氏個人のため」にはなっても、決して「日本のため」にはならない。米国製武器への過度な依存は日本の防衛産業の出番を減らし、日本の軍事技術の開発や投資を阻む。それがまた米国製武器への依存を高める悪循環に陥っているのだ。

そもそも日本経済は、こんなところにお金を使っている場合ではないほど抜き差しならない状況に陥っている。そのことは第3章で詳しく述べる。

軽武装・経済優先から重武装・軍事優先へ！「国のかたち」が変わった

ここまでの解説で、岸田政権で爆発したように見える「異次元の軍拡路線」は、安倍政権時代にほぼ決まっていたものだということがご理解いただけたと思う。そして今、〝妖怪の孫〟の亡霊に取り憑かれた岸田文雄首相はまず、防衛費を2倍にすることを決めた。日本の防衛費（軍事費）は世界で9位だが、いまの額を倍にすると、アメリカ、中国に次ぐ世界第3位の軍事大国になる。もちろん、これは国民のコンセンサスを得たものではない。

財源についても増税を極力少なく見せかけるため、他の財源をあらゆるところから発掘して防衛費に充てようとしている。病院を運営する独立行政法人の積立金から約750億円、政府による投資や融資の管理を行うための財政投融資特別会計から2000億円、為替介入のために貯めてある外国為替資金特別会計から1・2兆円などを流用するという。

いずれの資金も国民の財産だ。なぜ、これを本来の目的ではない防衛費に使うのかという説明はない。この他にも国有財産の売却などで3兆円強を捻出するというが、これも国民の財産であり、なぜ防衛費に充てなければならないのかも不明だ。これからは、他の予算での未消化分や予備費の不使用分もすべて防衛費に注ぎ込まれることになるだろう。

実は、これは国民にとって大変な意味を持つ。岸田政権が進めているのは財源を探して何か見つかったらどんな資金でもまず防衛費に充てるということだ。ということは、社会保障や教育・子育て支援などの予算を増やす場合は、財源を増税や保険料引き上げ、または防衛費以外の予算の削減に求めなければならなくなるということだ。

防衛費をとるか国民生活をとるかとなったら、必ず防衛費をとると言われているようなものだ。自民党保守派は「国家あっての国民」という考え方をとる。だから国を守る防衛費が何よりも優先されると考えるのだ。しかも、日本がこれから対峙しようとする相手は世界第二位の大国である中国だ。その中国と戦わないようにするための抑止力だと彼らは言うが、その意味することは、中国が日本と戦争するのは怖いと思う規模の自衛隊にしなければならないということである。これは、どうやっても「軽武装」ということにはならない。高度の「重武装」が必要だ。つまり、日本は、重武装を前提に軍事を最優先する国家になるということだ。これが日本の「新しい国のかたち」なのだ。

だが、よく考えてほしい。日本は戦後一貫して「軽武装・経済重視」という路線を守ってきた。それが戦後の「国のかたち」だった。経済重視という言葉は国民生活優先と言い換えてもいい。戦後の廃墟の中から立ち上がって、飢えからの解放が最優先だった日本人の生活は、信じられないくらい豊かになった。これが国民生活優先の成果である。

いま、日本は、この軽武装・国民生活優先という国のかたちを根本から変え、重武装・

軍事優先を国のかたちとして選んだのだ。そのことを本当に国民は理解し、同意しているのか。私には到底そうは思えない。

1-3 日本はさらに米軍に組み込まれる

費用はすべて日本が肩代わりする

〝妖怪の孫〟の最後の仕上げが「敵基地攻撃能力」の保有だ。安倍晋三元首相が健康上の理由で二度目の退陣表明をしたのは2020年8月28日。その約2週間後の9月11日に安倍氏は安全保障に関する首相談話を発表し、敵基地攻撃能力保有を念頭に「抑止力の強化」を訴えた。そして、「次の内閣を縛るものではない」と言いながら、「しっかりと議論してほしい」と釘を刺した。事実上、次の内閣に対する〝指示・要望〟だった——。

直後に政権を引き継いだ菅義偉首相はさほど熱心ではなかったが、岸田政権になって議論は急加速する。一方の安倍氏も、銃殺される直前までテレビ出演や講演のたびに敵基地攻撃能力の必要性を説き、さらには、「(攻撃対象は)基地に限定せず、中枢攻撃も含むべきだ」などという発言を繰り返した。こうして〝妖怪の孫〟の思惑に操られるかのように、岸田政権は軍事大国化の道を突き進み、新「防衛3文書」の閣議決定に至ったわけだ。

敵基地攻撃能力の保有が先制攻撃につながりかねず、それが周辺国との緊張を高めることになるといった解説は多くみられる。しかし、真のリスクはそれだけではない。この敵基地攻撃の運用を具体的に考えると、事実上、自衛隊が米軍の指揮下に入ることを意味していることがわかるのだ。

敵基地攻撃能力とは、相手国から攻撃を受けた時の反撃だけではなく、相手国が攻撃の準備に着手した段階で敵の基地を先に攻撃できる能力であると説明されている。では、「攻撃準備に着手した」という情報はどうやって入手するのか。自衛隊は衛星などで他国領域内の標的や動向を探るシステムが米軍ほど充実していない。情報は米軍に頼る他はない。つまり、自衛隊の作戦行動の枢要部分が米軍に握られるということなのだ。

岸田政権は新「防衛3文書」を作成するにあたって、敵基地攻撃(反撃)については「米軍との共同運用計画を作成」するとしていた。この計画では、有事の際の手順や役割分担を具体的に書き込むことになるだろう。その範囲は、単にミサイル発射の手順というだけではない。宇宙やサイバー、陸海空からのあらゆる情報を活用する米軍の「統合防空ミサイル防衛（ＩＡＭＤ）」に、日本のミサイル防衛が組み込まれることになるはずだ。その先にあるのは、日米の軍事一体化である。アメリカは国際秩序を変えようとする勢力に同盟国が一丸となって対処する「統合抑止」という政策を掲げているが、この「日米共同運用計画」はアジアにおける最初の具体例となるはずだ。

この体制は、米国にとって大きなメリットがある。なぜなら、アジア地域では、アメリカは北朝鮮や中国を射程にいれる地上発射型の中距離ミサイルを持っていない。自衛隊が反撃能力と称して敵基地を叩くミサイルを保有すれば、自衛隊に米軍の肩代わりをさせることができる。費用も日本側が負担するのだから、米国にとっては最高の話だ。

日米合同運用計画の一番の肝は「米軍情報を基に相手が日本への攻撃に着手するのを確認してから反撃するまでの手順をあらかじめ定めておく」という点にある。現実にそういう事態が生じたら、定められた手順でほぼ自動的にミサイルが発射されることになるのだ。

一刻を争う事態だから当たり前のことだと思うかもしれないが、実はここに大きな落し穴がある。前述の通り、日本の情報収集能力は米軍よりもはるかに劣る。だから、「北朝鮮がミサイル発射の準備を終えて、金正恩がボタンを押そうとしている」と言われたら、それは本当かと聞いても、本当だと言われて終わり。ぐずぐずするなと言われれば、ミサイルを発射するしかなくなる。つまり、自衛隊のミサイル発射スイッチを米軍に握られているのと同じなのだ。日米の軍事一体化よりももっと深刻な事態、すなわち、自衛隊の米軍傘下入りになるのである。主権放棄と言ってもいい。大変なリスクではないか。

しかも、この運用計画は「軍事機密なので公表はしない」ということになっている。事前はもちろん、事後的にも国民はチェックできないことになるだろう。

イラク戦争の反省を忘れてはいけない

私がこの点を強調する理由は、「米国は同盟国にでも平気で嘘をつく」という点にある。

2003年に始まったイラク戦争で、アメリカは「イラクに大量破壊兵器がある!」と言ってイラクを攻撃し、同盟国を戦場に引きずり出した。しかし、それは真っ赤な嘘だった。イギリスでは、ブレア首相が騙された責任を追及され、辞任に追い込まれた。ベトナム戦争でも、アメリカは「米軍艦がトンキン湾でベトナム軍の魚雷艇に攻撃された」という虚偽情報を根拠に戦争を始めた。嘘で戦争を始める前科が複数あるのだ。

心配なのは北朝鮮情勢だ。米軍から日本政府に「北朝鮮が日本にミサイル攻撃を仕掛ける確実な証拠をつかんだ！」という情報をもたらされたら、前述の通り、自衛隊が北朝鮮を攻撃することになる。北朝鮮の核武装はもはや不可逆的だと金正恩総書記は宣言した。米国に届くＩＣＢＭ（大陸間弾道弾）の開発も最終段階で、それに搭載する核弾頭の小型化も進んでいる。米国にとっては大きな脅威だ。米日韓が協力すれば、北朝鮮を潰すことは可能だと思われる。今が北を叩くギリギリの段階だとアメリカが考えてもおかしくない。

そのために、米政府は岸田政権を使って日本が北朝鮮を直接攻撃できるように準備させていると言えなくもない。

この作戦のアメリカにとっての利点は、米軍兵士を戦場に送り込むことなく、しかも日本のお金で戦争ができて、被害が出るとしても、それは日本と韓国の範囲内だということだ。もちろん日本がミサイルを発射する直前には、在日・在韓米軍の主力はすでに日韓から避難していることだろう。こんなことは容易に想像がつく。

これは決して大袈裟な話ではない。２０２３年3月8日付の読売新聞朝刊は1面トップ記事で「『核の傘』日米韓で協議体　米が打診　対北抑止力強化」と伝えた。北朝鮮の〝脅威〟に対抗するため、日米韓で核戦力の運用を巡る協議体を創設することを米政府が提案し、「日本政府も受け入れる方向で検討している」という内容だ。自衛隊と韓国軍が米軍の指揮下で北朝鮮と戦うという恐ろしいことにつながりかねない話なのだ。

そもそも北朝鮮が日本の国土に先にミサイル攻撃を仕掛けることはあり得ない。軍事行動はすべて政治の延長にあり、国家として何か得るものがなければ実行されない。北朝鮮が日本にミサイルを落としても何も得るものはない。逆に日米安保条約が発動されて、米軍に北朝鮮攻撃の口実を与えるだけだ。北朝鮮が先に仕掛けたとなれば、中国の参戦も期待しにくい。惨敗は必至だ。金正恩体制が、そんなバカなことをするはずがない。そう考えると、北朝鮮対策で敵基地攻撃能力を保有する意味はほとんどないということだ。

台湾有事を起こすのも中国ではなく日米

安倍政権以来、軍事大国化の口実に使われているのが「日本を取り巻く安全保障環境が厳しくなった」というお題目だ。安倍氏によって「台湾有事は日本有事」という言葉は流行語になった感すらある。

ロシアのウクライナ侵攻を目の当たりにして、不安に思う人が増えるのは理解できる。だが周辺国、具体的にはロシア、北朝鮮、中国が日本に攻めてくるということが、具体的、合理的に考えてあり得るだろうか。あるとしたら、どういう状況であり、その確率はどれくらいなのか。ムードやイメージだけで不安が煽られているような気がしてならない。

まず、北朝鮮については前述の通りだ。繰り返しミサイルを撃つのは国内向けの宣伝と自国を攻めるなと言うアナウンスに過ぎない。

ロシアも中国も、北朝鮮と同様日本を攻めても得るものがない。ロシアのウクライナ侵攻を見れば一目瞭然、軍事行動には莫大なコストとリスクがある。得るものがないのに、戦争は起こせない。冷戦時代にはソ連（現ロシア）が不凍港（冬でも凍結しない港）を求めて南下してくると散々言われたものだ。しかし、それらしいことは1ミリも起きなかった。結局あれは、防衛庁（現防衛省）が予算獲得のために流した政治宣伝だったわけだ。

そもそもロシア軍には対日戦を遂行する能力がない。元海上自衛官で軍事ジャーナリストの文谷数重（もんたにすうちょう）氏は「キエフも陥落できないロシア、北海道に攻め込む力なし」と喝破している。私も、そう思う。

では、「台湾有事は日本有事」はどうだろう。確かに中国は「一つの中国」を国是としているし、習近平主席は2022年の中国共産党大会で「決して武力行使の放棄を約束しない」とも言っている。だが、なぜそういうことを言うのか。

もちろん、台湾が中国に軍事侵攻することを恐れているわけではない。台湾の方が圧倒的に劣勢だからだ。では、中国が一方的に台湾を武力で統合しようとするのはどういうケースかを考えてみよう。

繰り返しでしつこいが、武力行使には想像を絶するコストとリスクがかかる。台湾のような小さな島国であっても武力で制圧するとなると相当な兵力がいる。ゲリラの抵抗があるかもしれない。中台で兵隊だけでなく何万、何十万という市民が死ぬかもしれない。日米が参戦すれば敗戦が濃厚だ。

しかも、西側諸国が結束してとんでもない経済制裁を課すことも不可避だろう。米国の先端半導体輸出規制だけでもかなり深刻な打撃を受けているのに、その何倍あるいは何十倍ものコストを強いられるはずだ。それによって国民経済に大打撃となれば、普段は政府に従っている中国人民も黙ってはいない。政権の基盤が揺らぐリスクも高い。そんな危険を冒して何を得られるのか。冷静に考えればわかるだろう。

ただし、中国が台湾の武力統合に踏み切るケースがないわけではない。それは台湾が本気で独立を図る場合だ。もちろん、台湾だけでそんなことはできない。そもそも台湾人のかなりの人は、中国と戦争するのには反対だ。独立など望んでいないと言ってもいい。今と同じように中国の経済力をうまく利用して儲ける仕組みを続けたいと思っている。

もちろん、独立派もいるにはいるが、すぐにそれが全体を動かす勢いを得るとは考えられない。ただ、心配なのは米国議会の動きだ。超党派で反中国の機運が高まっている。彼らの中には台湾の独立を支持する動きも広がっているように見える。中国憎しが昂じて台湾を独立させろという動きが強まるかもしれない。そして、中国が台湾内で反米の情報戦を展開するのに対抗して、米国が台湾独立派を裏で支援するという事態も十分にあり得る。ウクライナ紛争前に米国がウクライナの親欧米派を支援していたのと似ている。そうした事態は中国側も把握することになるだろう。台湾人で中国に情報提供をすることを生業としている人はかなりいるからだ。

日米が組んで台湾独立を支援するのではという疑念がいまも中国にはある。軍事的には日本が自ら進んで米軍との一体化を進めている。日米の動きによっては、独立機運が極限にまで高まる可能性がある。その時は中国による台湾侵攻が起きる可能性は否定できない。

だったら台湾有事に備えるべしと考えるべきか。答えはNOである。日本としては、米国議会の動きを止めることはできないかもしれない。だが、日本が直接攻撃される恐れがない限り関与しないと言えば、実は台湾有事は起きないと考えられる。

なぜそう言えるか。例えば、米国の戦略国際問題研究所（CSIS）の有名なレポートが言うように、台湾有事で米国が中国に勝つには、日本の参戦が不可欠だと考えられるからだ。特に、日本が在日米軍基地の利用についての事前協議にNOと言えば、戦争はできないとCSISレポートは明確に示している。つまり、日本が、中国が日本を攻撃しないと約束している限りは米軍に基地を使わせることはないと、あらかじめ伝えることによって、戦争を回避する道があるということになる。

これに対して、そんなことをしたら日本に対する米国の信頼を損ない、日米同盟を崩壊させることになるから日本は基地使用を断るべきではないという議論が出るだろう。だが、日米同盟を守るために日本国民の命を奪うのかと自問すれば、答えは自明だ。日米同盟は日本人の命を守るためにあるはずだ。つまり、日米同盟は手段であって目的ではない。その手段をとることで本来の目的と真逆のことが起きるなら、ためらうことなくその手段をとる選択肢を放棄すべきだ。現に、安保条約では事前協議で米軍の基地使用を拒否できる。そのことをしっかり想起すべきである。

米中間にはいま〝憎悪〟の感情が渦巻いている。日中間もそうだ。しかし、単に憎悪だけにとどまっている限り、問題はコントロールできる可能性が高い。しかし、そこにもう一つの感情、〝恐怖〟が加わると危険性は一気に高まる。特に、「やらなければやられる」

という恐怖が加わると一種の〝狂気〟が生まれる。中国には、いまその恐怖が生まれつつあるように思える。米国の尋常ではない先端技術封じ込め政策は中国の将来の発展の芽を摘みにきたと捉えられている。少子化で将来の経済力に不安がある中国が、中国の衰退を見た日米が台湾独立支援に舵を切るリスクが高まると考えるのはある意味、合理的だ。

だが、そういう事態は何としても避けなければならない。そのために何をできるかを真剣に考えて実行することこそ、日本がいま進むべき道である。間違っても、日米同盟のためには中国との戦争もやむを得ないなどという愚かな考えに傾くことがあってはならない。

このように見てくると、「台湾有事は日本有事」という事態を招くかどうかは、日本自身の選択によることがわかる。それを正しく理解すれば、米中戦争に巻き込まれない方法ははっきりわかるはずだ。その後に必要とされるのは、米国にも中国にも毅然と、そして冷静に向き合う胆力である。こうした議論ができない人は、そもそも「本気で国民を守る」気持ちがないか、どっちみち戦争にはならないとただ楽観しているのかのどちらかだろう。

国会では、このような議論をしようという野党議員がいないわけではない。ただ、せっかくいい議論をしてもマスコミがほとんど取り上げない。それが安倍派議員への忖度なのか。それとも記者自身が問題を認識する能力を失ったのか。あるいは、視聴率がとれないというような営業政策によるものなのか。いずれにしても、いまのマスコミの機能不全は目に余る。大本営発表を垂れ流して戦争に協力した戦前の教訓はどこにいってしまったのか。

そして、そうしたマスコミの機能不全の下で生活している私たち自身も、果たして、どこまでこの国家の危機を認識しているのか。自ら振り返ってみる必要があるのではないか。さもなければ、後に振り返って、「あの時が本当に『新しい戦前』の始まりだったのだ」と後悔することになる気がしてならない。

第2章

10年越しの原発ルネッサンス

2–1 原発でも「安倍超え」で暴走する岸田首相

「40年ルール」撤廃で原発回帰

岸田政権が原子力発電復活への道を爆走している。

2022年9月にアメリカで講演した岸田文雄首相は、ロシアのウクライナ侵攻によるエネルギー危機対応のため、休止中の原発再稼働や「次世代革新炉」の開発を進めると宣言した。正式決定前にアメリカで世界に発信するスタイルは安全保障政策の時と同じだ。

同年12月には、国の脱炭素の方策を議論するGX（グリーントランスフォーメーション）実行委員会を開き、「原発を最大限活用する」という基本方針を示した。それは、2011年3月の福島第一原発事故以来の日本の原発政策の大転換だった。だが、これは、岸田政権の「突然の暴走」ではない。実は、安倍政権の時から水面下で着々と進められていたことなのだ。

政府の新しい基本方針の柱は、それまで凍結していた原発の新増設や建て替えを認めることと、「40年ルール」の事実上の撤廃だ。原発事故の翌年に原子炉等規制法が改正され、原発の運転期間は原則40年とし、1回に限り最長20年の延期を認めた。これが「40年ルール」である。今回の政府の改正案はそれを骨抜きにするものだ。ポイントは二つある。

まず、運転期間に関する規制権限を原子力規制委員会（規制委）から経済産業省に移管する。原発推進官庁であり福島第一原発事故の主犯格の経産省に任せること自体が驚きだ。次に40年と60年の計算上規制委による審査などで停止した期間を除外する。すると、例えば、60年を超えても規制委の審査で10年稼働停止していれば、70年まで運転期間延長が認められることになる。だが、これは極めて危険だ。なぜなら、電力会社の対応が杜撰だったり、管理体制に不備があって規制委の審査を通らない危ない原発がいくつもあるが、そういう原発ほど長期間の運転が認められることになるからだ。

どんな設備でも必ず経年劣化が生じるというのは常識だ。原発では、配管や中央制御盤などの機器は取り換えられるが、「心臓部」にあたる原子炉圧力容器と、これを覆う格納容器は交換できない。さらに、圧力容器は核分裂で生じる強い放射線の中性子線にさらされるため、金属材料が劣化することが指摘されている。しかも、容器そのものは検査できず容器内に入れた試験片を調べるしかない。東京大学の井野博満名誉教授（金属材料学）

は「初期の原発は圧力容器の材料が均質でないことがある。セ氏３００度前後の高温になる原子炉に注水する際に急激な温度差で割れる可能性がある」と警鐘を鳴らす（日本経済新聞２０２１年11月15日）。

原発大国フランスのマクロン大統領が原発建設を推進しているという報道がなされたが、その理由は、老朽原発が増えて原発の半数が金属劣化などにより稼働が停止し、大停電の危機に直面したからだ。原発老朽化のリスクがよくわかる。

しかし、規制委の山中伸介委員長は、個々の原発で設備劣化の度合いは違い、原発の寿命は一律には決まらないとして、規制委員会は意見を言う立場にないと言った。だが、個々の原発ごとに劣化の度合いが異なるとしても、経年劣化があることを否定する理由にはならない。論理のすり替えもいいところだ。呆れてものが言えないとはこのことだ。

こんな委員長の姿勢に危機感を覚えたのだろう。５人の委員の一人、石渡明委員は「科学的・技術的な新しい知見に基づくものではなく、安全性を高める方向での変更とは言えない」と述べて最後までこの案に反対した。

トルコの大地震は、地震の怖さを改めて我々に教えてくれたが、トルコ以上に危ないのが日本である。４つのプレートが境を接するこの小国で、世界の地震の何と10分の１が発生している。石渡氏は地震や津波などの審査を担当する委員だ。彼ほど日本における地震の怖さを知っている人はいない。だからこそ、老朽原発を日本で動かすなど許せるはずがないと反対を貫いたのだと思われる。

せっかくそうした専門家を委員会に入れておきながら、彼の知見を無視して、多数決でこの案を了承してしまった規制委は、まさにその存在意義が問われる事態を自ら招いた。そして、この40年ルール撤廃により、危ない老朽原発の延命が保証されてしまうのだ。

「電力が足りない！」キャンペーンはウソだった

この方針転換のきっかけは、脱炭素社会実現を迫られていることとロシアのウクライナ侵攻によるエネルギー危機だと説明されている。実際、日本にも電力需給逼迫の危機が何度か押し寄せたと報じられている。2022年3月22日に史上初めて「電力需給逼迫警報」が出され、停電の可能性もあると国民は脅(おど)された。しかし、これらの電力不足は、実は、電力会社が単にLNG（液化天然ガス）の調達をさぼっていたことなどが原因で、しかも需給が逼迫すると言っても、ピーク時の数時間に数%足りないというだけの話だ。電力需給逼迫を理由に即「原発回帰」というのはかなりの飛躍がある。

ここには、原発回帰に向けた経産省の策略が潜んでいる。それを間接的に裏付けるのが、「電力が足りない！」と叫ぶのに、具体的な節電目標がまったく示されていないことだ。

例えば、ピーク時対策であれば、5％ほどの節電を数時間行えば問題は解決する。電力需要を減らせばよい。ところが、需要を減らすために何の具体的目標も示さないのだ。

EUでは、需要削減のための議論が活発で、2022年9月30日にピーク時間帯で5％の消費削減を義務化し、全体では10％の節電を目標にすることで合意した。実施は同年12月からだったが、供給不足が懸念されることを見据えて早めに手を打っていたのだ。各国はこれを受けて12月以降次々に具体的削減策を実施した。

翻って、日本ではなぜ節電の数値目標を掲げないのか。実は、早めに節電目標を掲げると日本人は義務ではない「要請」でもまじめに従うので、電力不足が解消する可能性が高いと考えられる。それで解消すれば、それに越したことはない……と普通の人は思うのだが、それでは困る人たちがいる。

原発再稼働を推進する人たちだ。具体的には東京電力を筆頭とする電力会社とその取引企業、経済産業省、そして彼らと癒着する自民党議員たちだ。「電力不足でも節電で乗り切れた」となれば、「原発不要論」が勢いづく。それでは困る人たちの力が強いので、日本ではいつまで経っても具体的な節電目標が示せないのだ。そして、その一方で、彼らは、「今年の冬は停電の危機だ」と煽ることに熱心だ。「だからやっぱり原発が必要だ」と人々に思わせる必要があるからだ。

もう一つ彼らが熱心に宣伝するのが、「天候に左右される再生可能エネルギーは不安定で頼りならない」ということだ。これも「やはり原発が必要」という世論作りである。

政府のやることには隠された「意図」があるのが常であるが、その「意図」を掘り起こして伝える役割を担う日本のメディアの機能不全により、これが埋もれてしまっている。

「電気料金値上げ」は原発復活の口実だった！

2022年、電力料金が上がって庶民は苦しんでいる。政府の補助金で2023年1月分から（検針は2月から）若干下がったが、4月と6月には中部、関西、九州を除く大手電力7社が大幅値上げを予定し、政府に認可を申請した。ウクライナ危機による燃料価格上昇に加え、円安で輸入価格が上がるという「外部要因」だから仕方ないと電力会社や経済産業省は主張する。マスコミも大幅値上げは当然だという前提で報道する。

だが、ここにも原発推進のために料金値上げを利用する原子力ムラの意図が隠れている。

関西電力と九州電力は原発を再稼働させている。そこで、「原発を動かしているから値上げしなくて済んだ」ということをことのほか強調する。

一方、東京電力は柏崎刈羽原発の再稼働を狙っているが、テロ対策に関する不備が相次いで発覚したことなどから、規制委が事実上の運転停止命令（燃料棒の移動を禁ずる命令）をかけている。原発を動かせない東電は火力発電に頼るしかなく、燃料費の高騰でただでさえ苦しいのに財務状況が一段と悪化してしまった。そこで一計を案じ、料金値上げの申請を行う際、２０２３年10月に柏崎刈羽原発が再稼働できるという前提を置いた。それができなければ再度値上げするぞという消費者への脅しだ。しかも、この動きは消費者だけに向けたものではない。岸田首相は、この夏以降衆議院の解散総選挙のタイミングを狙うステージに入る。今春東電が申請した値上げだけでも約29％。人口が一番多い地域で10月以降に追加値上げの申請となれば、消費者の怨嗟の声が高まるのは必至だ。それは、選挙で政権に不利に働く。つまり、東電は、岸田政権に対して柏崎刈羽原発の再稼働を早く規制委に認めさせろと圧力をかけていると理解できる。

さらに、「家庭電気代、広がる地域差　東電値上げで関電の7割高も」（日本経済新聞デジタル２０２３年1月27日）などと「地域差」を強調する記事が相次ぎ、原発稼働の有無で電気代に差が出るということを強調する原発推進キャンペーンも行われた。

２０２３年２月14日には、大手銀行が東電向け４０００億円の緊急融資を新聞が報じた。東電の２０２２年４－12月期の赤字が６５０９億円という記事も流れ、これを見た国民は、東電が経営危機にあり、その解消には原発再稼働しかないと思ってしまう。また、関電は安いのにうち（例えば東電）がこんなに高いのは、原発を動かせないからだと受け取る。

こうして洗脳された国民の多くが原発再稼働は「やむを得ない」という結論に傾いていった。原子力ムラの思惑どおりに踊らされているのである。

2-2 事故直後から始まった「復活プロジェクト」

3・11 日本人は「原発はもういらない」と思った

日本のエネルギー政策において、東日本大震災が起きた２０１１年「３・11」は間違いなく大きな転換点となった。それまでは「原発はクリーンで安全で安い」という三拍子揃った電源だと信じられていた。ところが、事故によって、「原発はダーティーで危険で、むしろコストも高い」という正反対の真実が明らかになった。日本中ほとんどの国民が「原発は危ない」「原発はもうやめよう」と強く思うようになったのだ。

では、その時に経産省をはじめとする原子力ムラがエネルギー政策の失敗を悟り反省したかというと、そんなことはまったくなかった。原発はもうこりごりという空気の中で、経産省は原発を元どおりに復活させるための入念な絵を描き始めていたのだった。

その中心にいた一人が事故当時、経産省大臣官房総務課長を務めていた柳瀬唯夫（やなせただお）氏だ。その後、安倍政権で総理秘書官を務め、最後は経済産業政策局長を務めた後、NTTグループへ天下った（現在は日本電信電話執行役員副社長）元経産省幹部だ。柳瀬氏は原発再稼働に向けての戦略を構築した中心人物で、真偽は不明だが、そのプランを記した「柳瀬ペーパー」と称される文書が存在しているという噂を当時随所で聞いた。

3・11の後も私は経産省にいながらメディアにも出て原発の危険性を訴えていた。すると柳瀬氏が「古賀さん、そういうことをやるのはよくないですよ」と言ってきた。経産官僚でありながら原発に批判的なことを言う私のことを相当疎ましく思っていたようだ。

ただし、彼らは外に向かっては正面から「原発は再稼働すべきだ」とか「反原発はおかしい」などということは、最初の段階では一切言わなかった。原発批判や原発を推進した経産省批判にはとにかく頭を下げる。徹底して沈黙し、ほとぼりが冷めるのを待つ作戦だ。その裏では着々と再稼働への布石を進めていたのに、である。

彼らにとって最初の難関は「福島原発事故の賠償金を誰が払うか」ということだった。原則は電力会社が支払うことになるのだが、「原子力損害賠償法」には「天変地異の災害の時は免責する」という規定がある。東電内ではその規定を使って免責を主張しようという議論が起こった。

東電が免責されれば国が巨額の賠償金を肩代わりすることになるが、当然ながら財務官僚はこれに反対する。彼らは自分の利権を増やす予算は歓迎だが、原発事故の賠償金は何の利権にもならないからだ。そこで経産省に免責は認めないと通告した。

実は経産省も免責は認めたくなかった。仮に国が支払うとなれば、財務省から、こんなに危ない原発は金輪際動かすなと言われて原発再稼働は絶望的になると考えたからだ。

さらに、東電が免責になると、誰の責任なのかという議論が始まる。国策として原発を推進してきた経産省が真っ先にやり玉にあげられるのは確実だ。経産省としてはそれだけは避けたい。そこで、経産省幹部が東電に日参して「免責規定の適用はしないで」と懇願し、なんとか納得させた。その見返りが、東電は絶対に潰さないという約束だった。

こうして、「東電は潰さず」「経産省は責任を負わず」「財務省は賠償金の支払いはしない」という三者の利益を最大化するためのスキームができた。

一方、ずる賢い経産省は、責任逃れのためにマスコミに東電批判の情報を流し、「東電悪玉」論を演出した。当時の菅直人首相が東電に乗り込み喝を入れるというシーンがあったが、民主党政権も自らへの批判を回避するために東電悪玉論を利用した。国民は、東電の対応がデタラメだから首相自らが乗り出したと思い込んだ。東電から見ると、裏切られたという思いだっただろう。その時は、経産省の方が一枚上手だったということだ。

事故対策も被害者救済も「東電が潰れない範囲で」という制約が！

東電を潰さないといっても事故直後の東電は株価が暴落し、事故の賠償金がいくらになるかわからず、それによっては「破綻」も視野に入るという状況だった。当面の事故対応だけでもいくら必要かわからない。市場には不安が広がり、東電を財務面から支援するために緊急融資が必要となった。そこで急遽発表されたのが、3大メガバンクによる2兆円融資だった。メインバンクの三井住友銀行が中心となり、主に3メガが負担して2兆円もの融資を行ったのだ。

しかし、この融資は普通に考えると特別背任になりかねないものだった。何しろ、破綻寸前で株価も暴落している企業に2兆円という巨額の融資を無担保無保証で行うのだから銀行側はどういうつもりだったのか。経産省の松永和夫次官（当時）が一筆入れたと言われたが、そんなもので背任を免れると思ったとしたらとんでもない話だ。

いずれにしても、政府としては、何よりも東電を破綻させないこと、というのが至上命題になっていた。その結果、事故対応への資金は極力削ることになり、汚染水対策に大金を出して抜本的対策をとるという道は封印された。いまもまだ汚染水が止められないのはそれも一つの原因である。

さらに、被害者への賠償の基準も経産省から内閣府に出向した官僚たちが東電が潰れないことという指針を基に決めていった。当時他省庁から出向して被害者救済にあたっていた官僚からは、経産省に対して強い不満の声が上がった。だがその方針はまったくブレることがなかったという。その後も原発政策、いやそれを超えてエネルギー政策全体が東電温存という制約の下に進められることになってしまった。その重大な決断が、事故後わずか2週間ほどで行われたということにいまさらながら驚くのである。

経産省の再エネ推進は脱原発派のガス抜きのためのポーズだった

こうして将来的な原発再稼働の下地作りは進んだが、まだ十分とは言えなかった。経産省が、将来原発推進の障害となると見定めたのが再生可能エネルギーだ。

もし、原発停止期間中に再エネが広がり過ぎると、「わざわざリスクを冒してまで原発を再稼働する必要はない」という議論になる可能性が高まるが、あからさまに再エネの普及を妨害すると再エネ推進派を怒らせてしまう。再エネ推進派の大半は脱原発派と重なるから、それは脱原発派を怒らせるのと同義だ。その結果、原発推進はますます遠のく。

そこで経産省は極めてうまく立ち回った。再エネ促進のために再エネの固定価格での全量買い取り制度（ＦＩＴ）を作ったのだ。

実は、当時、中国企業などの台頭で苦境にあった日本の太陽光パネルメーカーを救済するために、経産省の製造産業局はパネルが高値で売れる状況を作りたいと考えていた。その要望に応えるため、小規模な太陽光発電の価格は１ｋＷｈ（キロワットアワー）あたり40円という国際相場の倍以上の高値に設定された。誰がやっても儲かる水準だ。これを見た再エネ推進派は一気に再エネが普及し脱原発が進むと喜んだ。これにより、経産省は、再エネ派＝脱原発派へのガス抜きに成功したのだ。

「再エネ賦課金」で〝自然エネルギーは高い〟という洗脳を進めた

しかし、長期的にはＦＩＴ導入が再エネ普及を阻害することに再エネ派は気付かなかった。太陽光発電の「40円」という異様に高いＦＩＴ価格が、実は、原発再稼働への布石になっていたのだ。経産省は高値で買い取る電力会社の負担を電力利用者につけ回しするために再生可能エネルギー発電促進賦課金（再エネ賦課金）という制度を同時に作った。最初は再エネ普及率が低いので賦課金も小さかったが、高値の太陽光発電が広がるにつれ、一般ユーザーが支払う再エネ賦課金も目に見えて上がっていった。再エネ賦課金は２０１２年度の０・22円／ｋＷｈから年々上昇し、２０２２年度には３・45円／ｋＷｈとなり、実に16倍近くまで上がっている。これは１ｋＷｈの電力を使うごとに３・45円の再エネ賦課金を支払う必要があるということだ。標準家庭では年間１万７６４円も支払うことになる。

経産省の策略が巧妙なのは、その再エネ賦課金がいくらかかっているかを毎月の電力料金の領収書に明記させていることだ。「再エネがすごく高い」というイメージを一般国民に刷り込むのだ。一方で原発事故処理の費用やこれからかかる使用済み核燃料の処理費用などの原発関連のコストについては一切記載しない。このことからも、再エネに対する印象操作に使うために設計されたのが再エネ賦課金であることは明らかである。現に、「再エネは高い」という作られたイメージは、「電力需給は逼迫しているが、再エネは高い。だから原発が必要だ」というストーリーにつなげる上で重要な役割を果たしている。

経産省の原発回帰に向けた策略はそれだけではない。「再エネは発電量のブレが大きいから当てにならない」という状態をあえて放置して、それを国民の頭に徹底的に叩きこんだ。これもいまになってかなりの効果を発揮している。

発電量のブレが大きいという課題は実は、インフラの整備や電力システムの改革で解消できる。実際、ヨーロッパでは分単位で再エネ発電のコントロールをする仕組みができているし、送電網を整備して発電が多くできる地域から天候が悪くて発電量が下がった地域への送電で融通することなどで、「発電量がブレる」再エネの弱点を補っている。大型蓄電池の活用で日中の太陽光の電力を貯めて夜間に使うということも急速に進んでいるし、日中の太陽光電力を無料で提供することと組み合わせる取り組みなども始まっている。こうした工夫で欧州などでは、不安定というデメリットは概ね克服されつつあるのだ。

ところが、日本では送電線の増強は遅々として進まない。そのため九州で需要以上に発電された電力を他のエリアに融通できず、大量の電力を捨てるという信じられない事態が起きている。

EUでは「再エネ最優先」ルールがある。電力が余ったら止めるのは火力発電など従来型の電源とし再エネは落とさない。それが日本の場合はまったく逆なのである。

送電線を整備してエリア外に融通することの重要性は経産省もわかっていたが、わざとやらなかった。さらに、大規模風力や太陽光を増やしても、その電力を既存の送電網につなぐためと称して大手電力側が法外な費用を要求する行為もわざと放置していた。

だが、さすがの日本も世界の潮流に逆らうことができず、2050年カーボンニュートラルを宣言せざるを得なくなった。その結果、お尻に火が付いた経産省は、今頃になって突如「送電線強化」などと言い始めた。しかし、そのキャッチフレーズがまた笑ってしまう。「過去10年に比べて8倍の送電線をこれから作ります」というのである。

逆に言うと、3・11からの12年間、本気で送電網整備と送電線の効率化に取り組んでいれば、既に必要な送電網は確保されていたということだ。再エネが「当てにならない」「融通できない」と言わる責任は経産省にある。「原発推進」が最優先事項になっているために、必要な政策がどんどん遅れをとってしまったことがよくわかる。

日本の電気料金が高い本当の理由

前述のとおり、中部、関西、九州を除く大手電力7社が2023年4月または6月からの大幅値上げの申請を行っている。もちろん、国民生活を直撃する話なので、支持率低迷に喘ぐ岸田首相としてはそのまま認めるわけには行かない。そこで、4月という時期にこだわらず厳格な査定を行うように指示して見せた。だが、これは完全な出来レースだ。そもそも、統一地方選と衆参補選が予定されている4月に値上げするなど最初からあり得ない。電力会社もバカではない。

4月値上げなど通るわけはないとわかっていたが、岸田政権側と談合して4月値上げを申請し、これを岸田氏が延期するパフォーマンスに協力したのだ。値上げ幅も圧縮したと岸田首相が胸を張れるように、最初から水増しで申請している。多少の圧縮など痛くもかゆくもない。そして、値上げ認可後には、「政府の査定は厳しいですが、消費者のために頑張ります」と殊勝な態度を示す。というのが予定のコースである。

しかし、そこには「落とし穴」があった。値上げになる原因はウクライナや円安などの外部要因だけではなく、日本の電力政策の大失敗にもあるということが露呈してきたのだ。

2022年以来相次いで明るみに出た大手電力会社の犯罪行為がその象徴だ。

まず、関西電力が首謀して行った地域を超えて電力会社が競争することを制限するカルテルだ。独占禁止法に正面から違反するバリバリの犯罪行為を堂々とやったのは本当に驚きだ。彼らの頭の中には競争なんかしていたらお互い大変、ちょっと前までは地域を超えて販売しないというカルテルが法律で保障されていたのだから悪いことでも何でもないと考えているのか。いや、競争＝悪という観念に支配されているとしか思えない。この事件ではカルテルに加わった中国電力、中部電力、九州電力に合計1000億円の課徴金が課される処分案が公正取引委員会から出された。主犯の関電は最初に自己申告したことで課徴金を免れたが、この姑息さは関西電力の倫理観の欠如を表している。

次に、電力会社の情報漏洩も相次いで明るみに出た。関西電力で発覚したのを皮切りに北海道電力と東京電力を除く大手8社で、各社傘下の送配電会社が管理する新電力の顧客情報を同じ傘下にある小売り部門が閲覧できる状態にして盗み見させていたのだ。

さらに、大手電力全10社が経産省が管理する再エネ事業者の情報を管理するシステムの情報を不正に閲覧していたこともわかった。再エネ発電事業者の電気の買い取り価格などの情報が含まれていた。関電で約60万件、中国電で約37万件の情報が閲覧可能だったという。これらの不正は、小売り会社が不正に得た情報を営業に使って新電力の顧客を奪うために使ったとしか考えられない。この疑惑はかねてより違法な「取り戻し営業」として、新電力から指摘されていたのだが、今回、ついに証拠が出てきたということだ。

「発電会社」と「送電会社」をなぜ分割しないのか?

こんなことが許されれば、大手電力会社は新電力に比べて圧倒的優位に立つことができる。自由競争は表面だけで、実際は競争制限行為が野放しになっていたのだ。カルテルも情報の不正漏洩・閲覧も業界で公正な競争が行われていないことの証左である。競争が機能していないということは、普通に考えると、その分料金は高くなっているということになる。それを放置したまま値上げを認めるのかと考えるのが消費者目線の感覚だ。しかし、経産省も電力会社も、不祥事は値上げとは無関係と言って逃げ切るつもりだった。

そこで、前述した「落とし穴」の話だ。電気料金値上げは経産省の認可事項だが、政府内のルールで、認可前に消費者庁との協議が必要だ。電力会社に都合が悪いことに、消費者担当相は河野太郎氏だ。彼が消費者目線で極めてまともなことを言い出した。電力自由化精神に全く逆行する情報不正利用やカルテルの問題を値上げの話と切り離さず「フルパッケージ、トータルパッケージ」で議論すると言い出したのだ。今後そう展開するのかは予断を許さないが、電力システム改革の本丸の議論が始まる可能性が出てきた。

そもそも、大手電力会社の送配電会社と発電会社や小売り会社の資本関係が維持され、事実上一体となっているから情報の不正利用が起きる。それぞれの資本関係を完全になくし、独立の別会社とすれば（これを所有権分離と呼ぶ）、送配電会社は、すべての発電会社と小売りの会社を平等に扱い、それらは激しい競争をしなければならない。電気はどこの会社から買っても基本的に同じだ。食べ物や電気製品、衣料品、あるいはレストランなどのように差別化で競争することができない（再エネ電源かそれ以外かという電気の質が競争の要素になる時代に入ってはいるが）。その結果、競争と言えば、価格競争になってしまう。だからこそ、電力改革を進める際に大手電力会社は所有権分離に徹底的に抵抗した。その結果、現状のように子会社や兄弟会社など資本関係を維持したまま、グループ会社として一体性を保つという形（法的分離）にすることが認められてしまったのだ。東京電力から東京電力ホールディングスという社名に変わったのはその結果である。もちろん、これは、電力会社と経産省や自民党の族議員の結託によって実現したことだ。

民主党政権時代の「電力改革」が安倍政権下で一変

実は、2013年の経産省の「電力システム改革専門委員会」では、高橋洋委員（現都留文化大学教授）らが、所有権分離を強く求めていた。この委員会は民主党時代にできたので、高橋氏ら改革派の委員も入っていたが、最終盤で第二次安倍政権が誕生したことで、一気に後退してしまった。ここでも〝妖怪の孫〟安倍晋三の負の遺産が生まれていたのだ。ただ、その報告書には高橋氏らの強い要求で、所有権分離について「改革の効果を見極め、それが不十分な場合の将来的検討課題とする」という記述が入った。まさに今日の事態を予告するものだ。今回の一連の不祥事で、改革の効果がないことがはっきりしたのだから、この報告書に従って所有権分離を導入するか少なくとも検討に入るべきだ。

さらに、電力会社だけでなく規制官庁の問題も大きい。電力・ガス取引監視等委員会（電取委）が本来は電力・ガス・熱の適正取引の監視や、電力・ガスのネットワーク部門の中立性確保のための行為規制を行うことになっているが、今回、これがまったく機能していないことがわかった。電取委は、大手電力と癒着した経産省の下にある事実上の経産省の子会社だ。だから、このような不正の野放しが生じた。これを経産省と切り離すのがまずは至上命題になる。新たな機関を作るのも一案だが、それよりも、公正取引委員会に規制権限を委譲するのが最も即効性が高い。直ちにその検討に入るべきである。

河野消費者担当相という庶民の味方が現れたことで、これらの構造問題にメスが入る可能性が出てきた。ここは、河野氏の粘り強い戦いを期待を込めて見守りたい。

規制委員会は「動かすため」の組織！　規制庁は経産省の「植民地」に

原発復活シナリオのもう一つ大きな布石となったのは実は原子力規制委員会を作ったことだ。当時の状況からして「原発を規制する独立した第三者機関」を創設するというのは当然の流れだった。

これは経産省にとって大変な打撃となる。特に政府からの独立性の高いいわゆる3条委員会とする案に経産省は猛烈に反対した。だが、当時の世論の経産省不信は非常に強く、これに抗するのは無理だと悟ると、彼らは一転しておとなしくこれに従うふりをした。さらに、経産省と規制委員会の癒着を防ぐために、経産省職員が規制委の事務局である原子力規制庁に異動する際には片道切符で、経産省には戻れないという「ノーリターン」までも受け入れた。これにより原子力規制権限が経産省の手から完全に離れるように見えた。

しかしそこには、片道切符であればいくらでも経産省から職員を送り込めるという盲点があった。その結果、現在の規制庁のトップ3はすべて経産省出身の職員が占めることになった。彼らは、退官直前の官僚なので、経産省に戻らなくても、経産省のために働けば、規制庁退職後に経産省関連の企業や団体に美味しい天下りポストが待っている。ノーリターンなど意味がない。規制庁は完全に経産省の植民地と化したのだ。規制委には、規制庁から毎日経産省の意向に沿った情報が上がることになった。これでは、規制委が経産省から独立しているといくら言っても誰も信じられないだろう。

こうした構造を理解すれば、本章の冒頭で触れた「40年ルール」撤廃という「暴挙」も決して驚く話ではなく、起こるべくして起きたことだということがよくわかる。

一般人から見ると、気の遠くなるような長期に渡るオペレーションだが、それをやり切るのが原子力ムラの凄いところだ。そもそも原子力規制委員会の「委員」が国会の同意人事であることにも、一見すると客観性があるいいことのように見えるが、大きな抜け穴が作られていた。それは「国会が閉会中は任命後の同意でもいい」という条文だ。これは、初代委員長が任命される時に大きな効果を発揮した。

民主党の野田内閣の下、国会が開いている間は人事案が固まっているにもかかわらず表に出さず、あえて国会が閉じてから任命するという手法が採られた。それは、国会開会中に候補を出すと国会で質疑が行われ、野党の厳しい質問によって委員が手足を縛られてしまうことを避ける意味で非常に大きな効果がある。初代委員長の田中俊一氏は一貫して原子力推進側に立ち、しかも政府の役職を長く務めるなど、安全審査のトップとしてはどう考えても適任ではなかった。原発の安全に最も関わりの深い地震学者などを充てていれば、その後の原子力安全規制の方向は大きく変わった可能性があったと思う。

委員会の仕事の第一は、2012年当時、まだまったくめどのたたない福島第一原発事故の処理に全力をあげることだったはずだ。ところが、彼らが熱心に取り組んだのは規制基準を作ることだった。規制基準を作らなければ、原発再稼働認可もできない。何よりも優先して基準を作るために規制委が作られたというわけだ。

しかも、本来であれば海外の先進事例などを研究し、徹底した議論と検討を重ねて行うべき基準作りは、専門家によれば、どんなに急いでも2年はかかると言われていたが、何とわずか9カ月という短期間に急ピッチで作り上げてしまった。でっち上げと言った方がいいかもしれない。

この基準、できた当初、政府は「世界最高の規制基準」と宣伝していたが、他国の規制基準を調べてみると全然そんなことないことがバレてしまった。すると、今度は「世界最高水準」と言い換えた。いまも、世界最高水準という何の根拠もないフェイク情報が当たり前のように引用され、国民の間でも「動いている原発は規制委による世界最高水準の基準をクリアしているのだから、そんなに心配しなくてもいいんだよね」という意識が広まってしまった。経産省の作戦はものの見事に成功しているのである。

ちなみに、民主党政権下（野田佳彦政権）の２０１２年6月の大飯原発再稼働の時は、まだ規制委自体が存在していなかった。安全基準も存在しない。そこで、「首相の判断」という政治決断で動かすという驚くべきことをやってのけた。つまり、原発は動かすことが先に決まっていて、国民の批判をかわすための免罪符として規制委が作られたということがわかる。

ニセの「世界最高水準」の規制を「非効率」と攻撃した原子力ムラ

原子力規制委員会発足後、それでもしばらくの間は再稼働できない原発が多かった。それは原子力規制がしっかりしていたからということではなく、電力会社の対応があまりにいい加減で、さしもの規制委も再稼働の認可が出せなかったからだ。そもそも安全基準が満たされなければ本来は再稼働申請を却下すればいいだけである。しかし、一度却下すると、その原発は安全でないというレッテルが貼られ二度と動かせなくなるので、規制委は忍耐強く電力会社に付き合っていた。それなのに、電力会社は恩を仇で返した。

電力各社は「審査に時間がかかり過ぎる！」「規制委の審査が非効率だ！」「規制委の怠慢だ！」などと裏でマスコミに宣伝し、自民党国会議員に陳情した。新聞には、「規制委審査の効率化が課題」などという記事が載り、それを見た議員らも「やはり規制委がわざと認可を遅らせているんだ。とんでもない」と思い込むようになってしまった。

その結果、与党内で「規制のあり方を見直せ」という機運が高まり、審査効率化の方向に話が進んでいった。そうした圧力をうまく利用したのが、規制委の委員長交代だ。候補を選ぶのはその時の政府だ。２０２２年11月に原発推進派と目される山中伸介氏が委員長に選ばれた。この時は野党の反対も事実上なく、すんなり人事が同意されてしまった。

こうして経産省と一心同体の人を規制委トップに就けたことで、10年にも及ぶロングスパンの計画は仕上げ段階に入った。経産省が凄いのは「原発事故の惨事も時が経てばみんな忘れる」と確信したことだ。「原発の規制基準そのものが甘い」という議論もやがて忘れられた。こうして原発事故の惨状や原発の危険性に関する知見が国民の記憶から消えていく一方で、原発復活にかける経産省の執念だけは消えなかったのだ。

ここまでみたとおり、規制委委員長に経産省の操り人形のような人間が就き、ノーリターンルールも効果がなく、規制庁トップ3が経産省出身者となった。40年ルール廃止も、委員会の指示もないのに、実は事前に経産省と規制庁の間で相談していたこともわかった。最後は、冒頭で紹介した石渡委員の地震学者としての科学的見地に立った重大な意見を無視し、経産省に言われた締め切りに間に合わないと言って多数決で政府の要求を丸呑みした。経産省が推進と安全審査の両方を事実上担っているのが実態なのだ。12年経って、元の木阿弥(もくあみ)である。経産省の悲願がドミノのように一気に実現し、これからいよいよ念願の「原発完全復活」への暴走が始まる。

経産省の原発待望論が脱炭素政策を10年遅らせた

現在、世界では気候変動対策としてカーボンニュートラルを実現することが国際的に最大のアジェンダとなっている。この流れを受けて、2020年に菅義偉政権が「2050年のカーボンニュートラル実現」を宣言し、日本は脱炭素の方向に大きく舵を切った。しかし、その実現には高いハードルがある。これまで見てきたように政府はこの10年間、原発再稼働に向けて注力したが、その名脇役が、再生可能エネルギー政策だった。

経産省は再エネがあまり急速に拡大すると原発再稼働の芽がなくなると判断した。そこで、これまで指摘してきたように、さまざまな形で再エネ普及を遅らせ、あるいは、そのコストを高止まりさせ、さらにはその不安定性をカバーする政策をわざと行わなかった。

ところが、最近になって急に再エネ推進に力を入れるようになったかに見える。最大の要因は原発事故の惨状や原発が危ないという風潮が忘れ去られたことで、原発復活のめどが立ったことに自信を深めているからである。

原発復活とは言っても、火力発電分をすべて原発で補うのは難しい。一定程度、再エネにも働いてもらう必要がある。再エネの規模拡大により「再エネ業界」というのも利権として利用できるまでに成長した。これからは原発利権だけでなく、再エネ利権もしっかり取り入れていきたい。そうした「欲望」が再エネも支援という姿勢につながっている。これは、原子力ムラに属する自民党議員も同じだ。再エネ関連の議員連盟がいくつも立ち上がり、気がついてみると原子力ムラの重鎮たちも幹部に居座っている。

しかし、日本がそんな利権の世界に浸っている間に世界はこの10年間でどんどん先へ行ってしまった。この間の再エネの停滞はあまりに大きかった。

経産省の原発最優先・再エネ劣後という方針は、単にカーボンニュートラルの達成を困難にし、純国産エネルギーによる経済安全保障の確保に水を差しただけではない。詳しくは第3章で述べるが、今後30年以上にわたって最も成長する産業の一つである再エネ産業の成長の芽を摘んでしまうという致命的失敗を犯したのだ。日本の潜在パワーを徹底的に再エネに注力していればこの10年で世界を席巻するような新しい技術を生み出すことができていたはずだ。その大きなチャンスを、原発再稼働に固執するあまりに失ってしまった。

2-2 原発には数々の〝不都合な真実〟がある

耐震性に関する恐るべき真実

原発で一番大事なことは言うまでもなく安全性だ。これについて関西電力大飯原発3・4号機の運転差し止め判決と同高浜原発3・4号機の再稼働差し止め仮処分決定を出した樋口英明元判事はこう述べている。

①原発事故のもたらす被害は極めて甚大である。②それ故に原発には高度の安全性が求められる。③地震大国日本において原発に高度の安全性があるということは、原発に高度の耐震性があるということに他ならない。④わが国の原発の耐震性は極めて低い。⑤よって、原発の運転は許されない（樋口英明『私が原発を止めた理由』（旬報社））。①から③にはだれも異論はない。問題は④原発の耐震性だ。

日本の安全基準は世界最高水準だと政府は言う。そう聞いた人は、普通の建物に比べて原発の耐震性は何倍も高いと思うだろう。では具体的にどれくらいの耐震性が必要なのか。

原発の耐震設計基準に用いられるのが「ガル」という単位だ。東日本大震災の最大の揺れは2933ガルだった。21世紀に入って最大の揺れは、2008年岩手・宮城内陸地震の4022ガルだ。2018年北海道胆振東部地震や2016年熊本地震は1700ガル台である。今世紀の1000ガル以上の地震は18回で年平均1回弱。かなりの頻度だ。

こうした過去の地震の揺れを考慮すれば、人が住むあらゆる建物を、過去最大の揺れでも耐えられるようにしたいと考えるのが自然だ。では原発についてはどうか。普通の人は、「原発だけは、過去最高の揺れでも大丈夫なように作ってほしい」と考えるだろう。あるいは、さらに余裕を見て、その何割増しかにしてほしいと考える声も多く出そうだ。

そうした一般の人たちのニーズを意識して、民間住宅メーカーでは高い耐震性を売りにするところも多い。例えば、三井ホームが売り物にする耐震性は５１１５ガルで過去最大の揺れの27%増しだ。住友林業は３４０６ガルで、過去最大の揺れの85%まで耐えられる。民間で「地震に強い」と言うのはそのレベルである。だとすれば、原発の耐震設計基準は、当然これらを上回ると考えるのが常識というものだろう。

ところがである。現実はまったく違う。原発の基準地震動（耐震性と考えてもらって良い）は最初に再稼働した大飯原発が設計時に４０５ガル。後に８５６ガルまで大丈夫だとされたが、他の原発も概ね１０００ガル以下だ。私がこの話をすると、ほとんどの人は、「信じられない。そんなに弱いのか」と驚き、中には憤りの声を上げる人も多い。

では、電力会社はどう答えるか。「原発の敷地に限って、それ程大きな地震は来ない」というのが答えだ。根拠を聞くと、コンピューターによる計算だという。それを聞いた人々は憤りを通り越して、呆れ果てる。こんな話を信じるのはよほどのお人好しだけだ。

彼らが言う最新の知見を用いた「高度で精密な計算」が信じられないことを示すわかりやすいエピソードがある。四国電力伊方原発の稼働停止を求める裁判で、四国電力が使った計算式がやり玉にあがった。原告側が、その計算式を使って、伊方原発の直下でマグニチュード9が予想されている南海トラフ地震が発生したら伊方原発はどうなるのかと質問した。電力会社が計算したところ、それでも伊方原発では181ガルの揺れにしかならないという結果が出てしまった。これは、この計算式がいかに原発の敷地内の揺れを小さく推計するように作られているかを物語る。誰がどう考えても非常識な結果だ。それでも裁判所は原告が具体的にどれくらい揺れるかを立証する責任は電力会社ではなく原告（住民）の側にあるとして、運転停止を認めなかった。こんな話を聞いたら、一般市民はどう思うだろうか。これが日本の原発の耐震性の実情なのだ。

「避難計画と損害賠償保険と核のごみ」でも〝不都合な真実〟が

原発の耐震性の問題の他にも、これと並ぶような第2、第3、第4の不都合な真実がある。第2の不都合な真実は避難計画だ。原発を再稼働する前に、万一事故が起きた時に必ず住民の避難ができるのかということが審査され、国が再稼働を認める時には、ちゃんとした避難計画があると誰もが思い、「もちろん、その審査は、世界最高水準の規制委の基準に沿って行われている」とほとんどの人が信じている。しかし、実際には、規制委は審査していない。政府が勝手にお墨付きを与えているだけだ。

そう聞いたら、ほとんどの人は驚くに違いない。確かに言われてみれば、原発立地地域で実施された避難訓練では笑い話のような、でもよく考えると背筋が寒くなるような問題が露呈していた。原発近くの離島では海が荒れていれば避難できない。陸路も道路が寸断されれば同じだ。ヘリコプターや船を利用する計画も少し天候が悪ければ実施できない。仕方なく陸路で避難したら事故が起きた原発の前を通らないと逃げられなかった、などなど。杜撰な避難計画の例は枚挙にいとまがない。さらに、寝たきりの高齢者や入院中の患者をどう運び、それを誰が受け入れるのかなど何も決まっていないところばかりだ。それにもかかわらず、穴だらけの欠陥避難計画を国が「大丈夫」というだけで、「安全」だということになる。

実は、避難計画を規制委の審査対象にすると、全原発が動かせなくなることを経産省や電力会社はよくわかっていた。だから規制対象から外したのだ。仮に規制委が審査したらどうなるか。委員の指名は政府が行うが、それでも彼らは科学者である。それなりの審査をやらなければ、彼らの学者生命が終わる。仮に大甘の審査をやったとしても、すべての原発で避難計画は不十分ということになり、再稼働はできないことは明白だ。

国会で電力会社の社長を呼んで、避難計画を規制委の審査対象にしましょうと聞けば、堂々と反対はできない。きっと答えに窮するはずだ。

万一の原発事故の「保険」はわずか1200億円

第3の不都合な真実は、原発の事故の際の損害賠償責任保険（実際には普通の保険ではなく、政府が運営する一種の保険のようなものでカバーされている）が、1基当たり1200億円しか掛かっていないということだ。東電の福島第一原発の事故の損害は、いまだにいくらかかるかがわからない。最低でも20兆円はかかることがわかっているが、まだまだ追加費用が出てくるのは確実だ。普通の企業なら、事業に使う自動車の保険で対人賠償は無制限にしているだろう。ましてや原発である。事故の時のコストは数十兆円を軽く超えることが既に判明している。誰がどう考えても、原発事故の際の損害賠償責任保険は上限なしのものにすべきだ。これを国会で電力会社社長に質問すればよい。

「上限なしの保険を掛けてください」「そんな保険を引き受ける保険会社はありません」「でも、原発は極めて安全で事故などほとんど起きないんですよね。安い保険料で受けてくれるはずですよね。それができないなら保険会社は原発は危ないと判断しているからではないのですか？　この矛盾をどう説明するのですか？」というやり取りをするのだ。国民は、そもそも1200億円の備えしかないことに驚くとともに、安い保険が掛けられないと知って、原発はやはり危ないのだと悟るだろう。

第4の〝不都合な真実〟は、核のごみの処理方法が決まっていないだけではなく、いま保管している各原発の使用済み燃料プールも間もなく満杯になるということである。この問題は、原発が作られる前から指摘されていた。これまで結局解決策は先送りされてきた。「トイレのないマンション」と揶揄(やゆ)される状況だ。それを放置したまま原発復活計画が進められている。

使用済核燃料プールはほぼ満杯

最終処分場を受け入れる自治体はなく、仮に受け入れ自治体が見つかっても、実際に処分場の設計を行い、規制委の審査基準を作って審査をし、さらに建設してごみの受け入れを始めるまでには何十年かかるかわからない。その費用の財源をどうするのかも難しい問題だ。多くの人は、これは長期的な課題だと考えているかもしれないが、まったくそうではない。なぜかというと、現在、行き場のないごみはとりあえず各原発に設置された使用済み核燃料プールに保管されているからだ。

しかし、立憲民主党の宮川伸衆院議員が請求した原子力規制委員会の開示資料を基に、原子力資料情報室の松久保肇事務局長とインターネット情報サイト「核情報」主宰者の田窪雅文氏がまとめたところ、「管理容量」に対する使用済み核燃料の実際の貯蔵割合を示す「管理容量比」が2020年時点で、14原発で80％以上に達していることがわかった（東洋経済オンライン2021年10月1日）。90％超も4基、99％というところまである。こうした事実もまた、国民の多くは知らされていない。

原発再稼働で最も先行している関西電力は、福井県に対して2023年末を期限として使用済み核燃料中間貯蔵施設（最終処分場ではない）の県外移設場所の地点を確定すると約束した。それを過ぎても見つからなければ、運転開始から40年を超えた美浜原発3号機（福井県美浜町）、高浜原発1、2号機（福井県高浜町）などの運転は行わないとされているが、結局これはカラ約束になる可能性が高いと私は見ている。

一方、他の電力会社は、そもそもこうした約束さえしていない。そこで、国会で電力会社の社長たちに、「関電同様1年以内に少なくとも中間貯蔵施設の建設計画を示してください。さらに関電も含めて2年以内に最終処分場の建設地点を地元同意を得て提示してください」と質問する。できないと答えたら、「いつまでならできるのか具体的に答えてください」と迫る。社長たちは、答えないか、30年先にはというようなとんでもない答えをするだろう。国民は、それを聞いて、核のごみの処理は、やるやる詐欺だと悟るはずだ。

以上のように、原発に関するわかりやすい問題点を4つだけでも取り上げ、国会で電力会社の社長を呼んで質問すれば、かなり面白いショーになるだろう。そのような形で国民に伝えれば、多くの国民は、やはり、原発を動かしてはいけないと確信するはずだ。

それによって、原発復活計画を政府が無理やり推進すれば、支持率が下がって危ないという状況を作ることができるのではないか。

驚きの真実！　原発訴訟で住民側は勝てない

原発復活シナリオが誰によってどのように進められているかを紹介してきたが、既に紹介した以外にも、さまざまな「工作」「関与」がなされている。

まず、電力業界から政治家や政党への献金は直接的な効果を有する事実上の賄賂(わいろ)である。

また、学者たちもこうした工作のターゲットになっている。原発に限らず、電力関連のデータを電力会社から提供してもらうことで研究を成立させている学者は電力会社には逆らえない。電力会社の広報誌にヨイショ論文を寄稿したり、電力会社が関係するイベントなどで講演すれば桁違いの謝礼金が入る。講座や研究への寄付もまた破格である。さらにゼミの学生の就職先としても電力会社や原子力ムラのメーカーなどが優遇してくれる。

マスコミにとっては多額の広告費を出してくれる大スポンサーだ。記事を書こうとすると編集部ではなく営業からストップがかかることはごく普通だという。記者たちは、トラブルになると時間と手間がかかり、他の取材の時間がなくなるから、どうしても筆が鈍る効果があるそうだ。

このように政治家はもちろん、学者、マスコミといった発信力のある人たちが原発の危険性を訴えることに慎重になれば、国民は真実を知ることができない。その結果、原発推進もやむを得ないのかなという誤った判断をすることになるのだ。

では、最後の砦ともいうべき司法（裁判所）はどうなのか。

前出の元判事の樋口英明氏と話をしていて驚くことがあった。樋口氏が現役で原発裁判を担当していた時のことだ。最高裁からお呼びがかかり、司法研修所で裁判官向けのシンポジウム形式の勉強会が行われた。

まず最初にびっくりしたのは、そのシンポジウムに召集されたのが、その時点で全国各地で原発訴訟を担当している裁判官たちだったということだ。つまり、これは一般的な勉強会ではないということを示している。今やっている原発訴訟の参考にしろということだ。明らかに、最高裁が個別の裁判に干渉しているのだ。もちろん、憲法で裁判官の独立は保障されており、その原則は国も最高裁も侵すことはできない。つまり、原発推進派に有利な結論を裁判官に押し付けるようなことはできないわけだ。しかし、「雰囲気作り」のようなことが行われるという。その一つがこの勉強会である。

　パネラーとして過去に原発訴訟を体験した裁判官、検察官、行政法の大学教授などが招かれ、参加者の前であれこれ論議をする。普通のシンポジウムならフロアの参加者とパネラーの間で質疑が行われるが、この時はパネラーばかりが発言し、裁判官たちはそれを押し黙って聞くだけ。発言内容も福島であれだけ大きな原発事故がありながら、その危険性をまったく感じていないようなものばかりで、「最高裁は原発再稼働の方向に判決を誘導したいのだろうか？」と感じざるを得ないようなものだったという。

　つまり、最高裁は間接的にではあるが現場の裁判官に原発推進派に有利な判断をさせるように誘導しているということだ。これは大スクープになる話だが、残念ながら誰も取材しないのか、私が「週刊プレイボーイ」に書いた以外に記事になったのを見たことがない。

　このように最高裁が直接現場の裁判官に影響力を行使しようとしていることを感じれば

下級審（高等裁判所、地方裁判所、家庭裁判所など）の裁判官はよほどの確証がない限りは「右にならえ」となる。樋口氏によれば、最近、そういう風潮が強まっているそうだ。しかも原発関連ではその傾向はより強く表れていて、最高裁そのものが、国寄りの判決を下すことが「習い性」になっているとまで語っている。本当に危機的ではないか。

原発に限らず、もともと日本の最高裁は政府が困りそうな案件については、判断を逃げる傾向が強い。とりわけ人の価値観に関係したり、政治性の強いものについては「国民から直接選ばれた政治家が決めるべきだ」という逃げ口上で判断を避けるのだ。

最高裁は独立していると言いながら、実際には政府が反対しているのにそれに逆らった判決を勝手に出すことはまずない。仮に出す場合も、事前に政府と調整したうえで「出来レース」で政府の過去の立場を覆す判決を出すというのが、「司法の独立」の舞台裏だという話を判事ＯＢに聞いたこともある。ＬＧＢＴや夫婦別姓問題でも、最高裁はずっと政府の立場を覆す判断を避けている。おそらくここでも、政府と裏の調整を続けているということだろう。

原発完全復活プランという危険な政策を止める最後の砦としての機能を最高裁が果たせない日本。三権分立が有名無実化し、国民を守る者はどこにもいない。

「究極の目標は核武装」という疑念！　だから止められない原発

それにしても、なぜここまでして原発を稼働させなければならないのか。

私はこの「原発回帰」がエスカレートしていくと、最終的には「核武装」にもつながりかねないという懸念を抱いている。

かつては日本の政治家にとって、「核武装」などという言葉は口にしただけで議員辞職を迫られるほどセンシティブな言葉だった。

それがいまでは「核武装についての議論をすべきだ」ということが、ごく普通に語られるようになった。口火を切ったのが安倍晋三元首相だ。2022年2月、ロシアのウクライナ侵攻を受けてテレビ出演していた安倍元首相が、「日本は核拡散防止条約（NPT）の加盟国で非核三原則があるが、世界はどのように安全が守られているかという現実について議論していくことをタブー視してはならない」などと述べ、「核の共有論」（核シェアリング）を持ち出したのだ。

核シェアリングとは日本とアメリカで核を共有しようという考えで、「日本が核を保有する」のと同じだという指摘もある。すなわち、日本の「核武装」論の第一歩だ。かつてなら口にすれば政治家生命が終わるようなことだが、自民党最大派閥の親分が言い出したこととあって、多くの自民党議員もこれを口に出すようになった。

もっとも安倍氏の「核武装」論はその時始まったものではない。古くは2002年5月に早稲田大学での講演で、「憲法上は原子爆弾だって問題ない」と発言していたことが報じられた。2003年の衆議院選挙の際に毎日新聞が行った候補者アンケートで日本の核武装について問われ、「国際情勢によっては検討すべきだ」などと回答している。

2006年に初めて首相になって以降は、さすがに表立って「核武装」論を言わなくなったが、本心ではずっと思っていたのだろう。それがウクライナ危機をきっかけに、再び公言するようになったわけだ。被爆国でありながら、日本の政治家の中には一定数、核保有を「是」とする勢力があることはもはや疑いない。本来、核の撤廃を求めていく立場であるはずの立憲民主党の議員でさえ、心の中に核武装論を温めている人は珍しくなくなっている。

その第一歩が米国との核共有論だが、そこで止まることはない。米国に頼らず日本自身が核を製造、保有し、独自に運用することで真の抑止力となるのだという議論になる。北朝鮮の核武装進展に伴い勢いを増す韓国内の核保有論と共鳴する可能性も出てきた。

そして、核武装したいと考える議員たちがこだわるのが、核爆弾製造能力の保持だ。日本には原子力潜水艦がないから自衛隊に核技術者がいない。最先端の原子力技術を保有するためには民間の原発技術者を温存、育成する必要がある。原発がなくなればそれができなくなるから、脱原発は安全保障政策上取り得ない政策だという結論になるのだ。原発復活シナリオへのこだわりの裏には実は、こうした深謀遠慮もある、と私は見ている。

電力会社や経産省はそれに与するものではないかもしれないが、〝政権の意思〟がそこにあることは認識している。そうであれば、彼らがそれを自らの戦略の中でうまく利用しようとするのは自然なことだ。

岸田政権になって「軍事大国化」と「原発完全復活」の二つの政策が並行して急展開しているのは、決して偶然ではないのである。

なお、原発復活は日本の安全保障の観点から見て天下の愚策だ。北朝鮮から見れば、核兵器を開発しなくても、日本海に並ぶ原発を通常兵器で攻撃すれば核爆弾を投下したのと同じ。そのリスクをわざわざ放置することがいかに愚かなことか。

いますぐやるべきは、全原発の停止と攻撃に備えて使用済み核燃料プールの地下埋設である。そういう議論をしない自民党保守派の議員たちは、頭の中が完全に「お花畑」になっているとしか思えない。

あるいは、絶対に戦争は起きないと心の底では思っているのだろうか。だとしたら、現在の軍拡議論は何のためなのか、米国に媚びるためか、日米軍需産業との癒着なのか、それとも、ただのゲームオタクのシミュレーションごっこなのか。こんな人たちの議論を野放しにしていることは極めて危険だということをはっきりと認識しなくてはならない。

第3章

出口なき
アベノミクスが
日本を滅ぼす

3-1 「分断と凋落」を広げた安倍政権の経済政策

韓国以下！　日本の平均給与はＯＥＣＤ38カ国中24位

日本は、米国、中国に次ぎ世界第3位の経済大国である。だが、１９８０年代に、米国に次ぐ世界2位のＧＤＰを誇り、ジャパン・アズ・ナンバーワンと言われて舞い上がっていた時とは、その勢いはまったく異なる。バブル崩壊直前の１９９０年には日本のＧＤＰは３・２兆ドルで6兆ドルの米国の半分を上回り、3位ドイツの約2倍、中国の約8倍だった。ところが、それから失われた30年が始まり、２０１０年に中国に抜かれて第3位に落ちると、そこからはつるべ落としだ。２０２１年の日本のＧＤＰは、４・９兆ドルで30年かけてたったの54％しか増えていない。その規模は、米国の5分の1強、中国の3割弱まで落ちぶれて、ドイツにはわずか16％差まで追いつかれた。こうなると第4位転落も見えてくる。

また、国民の豊かさを表す代表的な指標である一人当たりＧＤＰの世界ランキングを見ると、１９９０年代から２００２年までは一桁順位で、２０００年には2位を記録していた。当時の1位は欧州の特殊な超小国ルクセンブルクなので、実質世界一だったと言ってもいい。しかし、その後は趨勢的に貧困化が進み、２０２１年は27位まで落ちた。アジアの中でも、5位のシンガポールや8位カタールははるか彼方、香港にも離され、マカオやUAEの後塵を拝するありさまだ。すぐ後ろには29位韓国、32位台湾が迫っている。

国力低下は国民生活にも表れる。例えば、日本の労働者の平均給与は、先進国クラブであるOECD（経済協力開発機構）38カ国中24位。韓国やイタリアにも負けている。

デフレが問題と言われたが、デフレなら名目賃金が増えなくても実質賃金は増えそうだが、まったくそうならず、むしろ、庶民の生活は苦しくなる一方だった。その上に２０２2年には40年ぶりのインフレが襲った。ウクライナ危機やコロナ禍によるサプライチェーンの寸断、記録的円安も加わり、エネルギー、資源、食糧、さらには衣料品や耐久消費財まで上がり始めた。とりわけエネルギー、食糧などの生活必需品の物価上昇は一般庶民を直撃した。

他方、富裕層に目を向けると、特に安倍政権以降の株価、不動産価格の上昇などで、ますます豊かになっている。株などの金融資産で稼いだ所得にかかる税率はわずか20％に過ぎず、「1億円の壁」といって年収1億円を超える人への課税の平均税率は所得が増えるほど下がるという、驚くほど不公平な制度がある。「分断」が広がるのは当然である。

安倍政権はこうした状況を放置し、むしろ悪化させてきた。庶民の生活を良くすること、そしてそのための基盤を盤石(ばんじゃく)なものにすることが経済政策の最大の目標である。この点から見ると、アベノミクスは失敗だったと断ずるしかない。私がまずこの点を強調するのは、「国民生活」という視点からこの問題を直視して、過去の失敗を認識することができなければ、「国民のための」適切な経済再生策など打つことはできないからだ。

「5%賃上げ」のまやかし! 実質賃金はマイナス

このような「日本の経済危機」の認識は一般には、ようやく広がり始めたという程度にとどまっている。特に財政危機や後述する産業崩壊の危機については、まだまだ十分に知られているとは言いがたい。

しかし、先述した「日本の賃金が先進国の中では異常に安い」という事実認識は、2022年後半にかけて一般の人にも浸透してきた。賃金が低いという話は、自分たちの生活苦と直結するので、人々の心に刺さりやすいのだ。賃金が安いのは喜ぶべきことではないが、こうした〝不都合な真実〟に人々が気づき始めたこと自体は、実は、非常によいことである。

労働者が賃上げを求める理由になるばかりでなく、賃上げを実現しないと内閣支持率に響くので、賃金政策の優先度が上がることになるからだ。こうした政府や世間からの圧力を感じて、春闘では例年以上の賃上げを行う企業が増えた。

しかし、残念ながらこうした動きは「Too little, too late」（小さ過ぎて遅過ぎる）になる可能性が高い。春闘でベアを決める会社があったとしても劇的に上げられるところはごく一部でしかない。いくら政府や世間が強く企業に賃上げを求めたところで「数年かけて水準を上げていく」というのが精一杯だろう。

2022年12月の消費者物価上昇率は4％の大台に乗った。したがって、賃金がそれ以上上がらなければ労働者の生活は確実に悪くなる。そこで、岸田文雄首相は2023年通常国会の施政方針演説で、物価上昇率を超える賃上げを実現させるため、「持続的に賃金が上がる『構造』を作り上げる」などと夢のような〝宣言〟を行った。連合も、インフレ率4％を上回る5％の賃上げでこれに呼応した。国民の中には、今度こそ賃金の大幅増加で生活が楽になると期待している人もいただろう。しかし、結論から言うと、この5％賃上げというのはとんでもないまやかしなのである。

なぜなら、連合が言う賃上げの中には、定期昇給分（定昇）とベースアップ分（ベア）の両方が含まれているからだ。専門家によれば、定昇分は平均すると概ね１・８％程度である。つまり政府、経団連、連合などが「賃上げ○○％」という場合、そのうち１・８％は何もしなくても上がる定昇分で、その分だけ本物の賃上げ（ベア）よりも水増しされて発表されていることになる。現に、連合は、５％の内訳を聞かれると、真の賃上げであるベアは３％で、２％の定昇分をその上に加算して５％という数字を作っていることを認めている。ベア３％では、４％のインフレ率より低いので、実質賃金はマイナスだ。しかも、このベア３％にしても実現は危うい。専門家による２０２２年春闘の見通し（日本経済研究センター集計の民間予測平均＝２０２２年１月時点）は、定昇が１・７８％でベアはたったの１・０８％だ。仮にこれより１％高くても、これは大企業の組合中心の数字なので中小企業を含めた全体ではずっと低くなる。連合の要求５％という数字に騙されてはいけない。

さらに言えば、仮にインフレ率に賃上げ率が追いついたとしても、それは２０２２年のインフレの分をカバーするに過ぎず、過去30年にわたって実質賃金が上がらなかった分を取り戻すには、数十年かかるのではないかということも忘れてはいけない。

こうしてみると、岸田首相は「嘘つき」と批判されても仕方ない。ただ、岸田氏は確信犯である。できない目標でも、とりあえず夢物語を唱えて国民の期待を高め、4月の統一地方選・衆参補欠選挙を乗り切ればよいと考えているのだろう。

ちなみに、日本と違い欧米では、インフレを超える賃上げを求めて、各国で大規模なストが頻発している。自分たちの権利は自分たちで守るという姿勢が明確なのだ。日本の組合は、経営側と談合して高めの賃上げを演出しているが、決して戦うことはしない。その証拠にストライキを行う企業はほとんどない。戦わないばかりか政府にすりよるばかりの労働貴族の集まり、連合に存在意義があるのか。その真価が問われている。

若者の「エクソダス（日本脱出）」が一気に始まっている!!

最近、ワーキングホリデーで海外に移住する若者が増えているというニュースを目にすることが多い。海外先進国との賃金格差に関する認識が広まったことから生じた現象だ。

2022年12月24日の日本経済新聞朝刊によれば、日本人のオーストラリアへのワーキングホリデーでのビザ申請件数は2021年7月〜2022年6月の期間で前年比2・4倍の約4600人に増えたという。留学支援などを手掛ける都内の会社によると、円安が急速に進行した2022年6月〜10月のワーキングホリデーへの申込件数は豪州を中心に1月〜5月に比べ2倍で推移し、一段と人気が高まっているそうである。

賃金が低い日本では、いくら働いても預貯金すらまともにできない。オーストラリアやカナダで働けば貯金ができて英語も学べる。どちらが良いかは一目瞭然だ。

しかも、そこに円安の波が押し寄せた。例えば、1豪ドルは2020年3月64円程度から22年10月下旬には94円まで下落した。円が4割以上も下がったのだ。その結果、オーストラリアのカフェやすし店のアルバイトの時給が2500円〜3000円という計算になった。

2023年2月1日のNHK『クローズアップ現代』では「〝安いニッポンから海外出稼ぎへ〟〜稼げる国を目指す若者たち」が放送された。オーストラリアで働く男性は1日6時間労働で月収50万円、日本で月収25万円だった介護職の女性は多い時で月80万円稼げるという話や、滞在歴1年の元美容師の女性が「日本で5年間かかって貯めたお金が、1年間で貯まっています」という話などが紹介された。留学希望者の多くが円安で学費や生活費が大幅に上がって諦めざるを得ない一方、ワーキングホリデーを希望する人は逆に現地で働いてお金を増やすことができる。そこで、まずはワーキングホリデーで働いて、ある程度蓄えができた段階で留学に切り替えるというケースも増えているというのだ。

その行き先はオーストラリアに限らない。カナダに留学した男性が日本食レストランの調理で週5日、1日当たり10時間働いたところ月収で6000～7000カナダドル（約58万～68万円）を稼ぎ、「物価も高いが日本に送金するメドもたてている」という話も紹介されている。日本で月10万～20万円程度のバイト代で生活している若者から見ると夢のような話に聞こえるのではないか。

これまでは、IT技術者など高度人材でないと簡単には先進国への移住はできないと思われていたが、低賃金でも文句を言わずに働く日本人は「とても使いやすい」と評判もいいのだろう。最近では看護師や運転手などの職種でも日本人への求人が出てきたそうだ。

こうした情報はネットやSNSで若者に瞬時に拡散する。若者から見ると日本にいても賃金は上がらないし、年金も不安だ。また、子どもの教育のために海外を選ぶ人も増えている。さらに女性にとって、日本はジェンダー差別が先進国中で最悪なので、海外で自分の才能を伸ばしたいと考える人が増えるのも当然だろう。日本の低賃金の実態が露呈し、しかも円安でますます日本が魅力のない国に見える状況になったことで、若者を中心に一気に「エクソダス」（国外脱出）が始まったのだ。

米投資家のジム・ロジャーズ氏は「私が10歳の日本人なら、直ちにこの国を出る」と発言しているが、若者たちはまさにこれを実行に移し始めた。自民党の保守派から見れば、「美しい日本」を捨てる「非国民」ということなのだろうが、少し気のきいた人なら日本を捨てるのは合理的で当然ということになる。もちろん、「海外に出るリスク」は小さくないが、「日本に残るリスク」の方がはるかに大きいと見るのが客観的には正しいのだ。

それでも日本に残って「高齢者を支えるために一生懸命働きます」という若者がどれくらい存在するのか。日本の行く末はあまりにも暗い。

かつて世界を席巻した日本の家電産業はほぼ壊滅した

日本の凋落に気づいていない人に真実を認識してもらうには、ジャパン・アズ・ナンバーワンの根拠だった製造業について見るのが手っ取り早い。まず、家電の世界を見てみよう。ここにすっかり競争力を失ってしまった日本産業の惨状がはっきりと見てとれる。

日本の家電は「安くて、性能が良くて、壊れない」三拍子が揃った〝メイド・イン・ジャパン〟ブランドで世界市場を席巻した。オーディオでも液晶テレビでもスマホでもパソコンでも日本製品は高い競争力を誇り、自動車と並ぶ日本経済の大黒柱の一つだった。いまも日本製品は凄いと信じる日本人は多いが、それは海外の市場を見ていないからだ。

かなり前から、サムスンやＬＧといった韓国メーカーがシェアを伸ばし〝ソニー・イズ・クール〟ははるか昔の話で、いまや〝サムスン・イズ・クール〟である。次いでハイアールやハイセンスといった中国メーカーが伸びてきた。国内では、「韓国や中国の製品には価格では負けるが、性能は日本製の方が格上だ」という意識がいまだ根強い。しかし、この過信が仇となる。いまや性能面でも中国、韓国製が日本製を超えるものがほとんどだ。日本製品は世界市場での存在感をほぼ失った。そもそも、日本メーカーの名前ではあっても、実際は中国企業、台湾企業になってしまったメーカーが大半である。

いくつか例示してみよう。東芝は、家電は中国の美的集団、テレビは中国ハイセンスグループ、パソコンは台湾ホンファイ傘下に入ったシャープの傘下に入っている。白物家電では三洋が中国ハイアール傘下に、パソコンでは富士通とＮＥＣが中国レノボの傘下だ。パソコンや家電では、日本勢の世界市場での存在感はほぼなくなったと言っていい。

かつてテレビでは「液晶のシャープ」を代表に、日本ブランドが圧倒的強さを誇った。それもいまは昔だ。実は日本で販売される薄型テレビの液晶パネルはほぼ全量が中国・韓国製だ。液晶パネルベスト10を見ると、上位に日本企業の名はない。かろうじてシャープの名前があるが、前述のとおりシャープは台湾のホンファイの傘下だ。量販店に並んでいる有機ＥＬテレビの画面はほとんどが韓国ＬＧとサムスン製である。テレビの世界で唯一ブランド力が残っているのはソニーだけである。ソニーはゲームや映画などエンタテインメントに力を入れてきたことで、高画質を売りにして何とか生き残っている。

テレビは韓国、スマホは中国。日本メーカーは競争不能

ちなみに、韓国ＬＧの家電は超富裕層向けで圧倒的に強く、日本には作れない有機ＥＬの巻取り式テレビが一台８００万円と聞いて驚いてしまう。ヨーロッパでも百貨店が主たる販売ルートだ。貧しい日本では売っていないので、ほとんどの人は気づかないのだ。

スマートフォンでも日本メーカーは世界市場で競争できなくなった。２０２２年のシェアでは、サムスン、アップルの2強にシャオミ、オッポ、ヴィーヴォという中国3社が水準は低いが続いている。この5社で世界の7割のシェアを取っており、日本勢は競争にならない。

このように日本の家電産業はほぼ崩壊したと言えるほどの凋落ぶりなのである。

スマホと言えば、世界シェアランキングで最近大きな変動があった。サムスンやアップルを急追していた中国のファーウェイ（華為）が、ランキングから姿を消したのだ。これは5Gを含む携帯基地局市場でノキアやエリクソンなどの西側のメーカーを追い越して、世界市場で一気にシェアを伸ばすファーウェイが、世界の通信インフラを牛耳る恐れがあると判断したアメリカが、半導体を含む米国の先端製品や技術・ソフトウェアの提供を止めたからだ。これにより、ファーウェイのスマホではグーグルの検索ができなくなったり、最先端の半導体が調達できなくなるなど壊滅的な打撃を受け、世界でほとんど売れなくなってしまった。だが、ファーウェイ関係者にインタビューすると日本メーカーとはまったく異なり、まだまだ高い成長余地を持っていることがわかった。

ファーウェイの基本情報をおさらいすると、米フォーチュン誌によるグローバル500のランキング2021（売上高のランキング）では、世界で44位。これを超える日本企業は、トヨタ（9位）のみで、ホンダ（48位）、三菱商事（51位）、NTT（55位）、日本郵政（58位）などと同規模で、ソニー（88位）や日立（95位）などよりかなり上だ。

従業員数は世界で19・5万人。170カ国で事業展開しているグローバル企業である。実は2021年の売上は、制裁の影響で前年よりも大幅に落ち込み、前年比約3割減の

6368億元（約11・3兆円）だった。しかし、利益は携帯ブランドの一部を売却したこともあり、2020年の646億元から1137億元に増えている。制裁を乗り越えるために大変なコストカットをしているらしく、筋肉質の会社に転換してきたという印象だ。

ファーウェイの研究開発費はなんとトヨタの2倍

ファーウェイは、一般消費者から見ると携帯・スマホの会社である。実際、会社の事業のうち対消費者事業が制裁前には半分を占めていた。この事業が制裁の打撃を一番強く受けて社内でのシェアも3分の1に落ちた。当面はここを伸ばすのは難しい。事業のもう一つの中核である携帯基地局は制裁の影響が間接的にはあるが、世界シェアの31％を維持している。性能と価格で圧倒的競争力を持ち、途上国ではまだ伸びているのだ。

その他にもDX・GX関連、再エネ関連がかなり拡大している。新しい分野を見つけたら、すぐに参入して世界のトップ3を目指すというのがファーウェイの方針だ。そのため研究開発に力を入れていて、人員面では、全従業員数19・5万人のうち研究開発部門が何と10・7万人で過半を占める。さらに驚くのが、2021年の研究開発費が何と1427億元、約2・5兆円という巨額に上ることだ。GAFAMなど米国の企業の規模にも匹敵する勢いで、トヨタの2倍近くである。特許申請数も世界1位。取得件数でもおそらく1位か2位だ。しかも、最近は応用から基礎研究に重点をシフトしているということなので。将来、驚くような新製品・サービスが出てくる可能性がある。

私が話したファーウェイ関係者も、10年しないうちに中国のIT関連企業は、西側との連携なしに自立し、世界トップの座を奪うことになる可能性がむしろ高まったと言っていた。対中国制裁という敵の攻撃を受けると、中国国内の結束力が高まり、これまで以上のスピードで開発が進む効果もバカにならないのだという。

もう一つ気になったのは、ファーウェイが2021年に日本から1・1兆円もの調達を行っているのに対して、米国はこの数倍の巨額の部品類をファーウェイに売っているということだ。とりわけ半導体関連で日本企業が対中国輸出を抑えているのに、米国企業は米政府に例外を認めさせることに力を入れ、2022年は21年よりも輸出を増やしている。本来制裁の打撃を受けて対中輸出が激減するはずの半導体関連企業が、一番儲かっている例もあるとのことだ。

「米国はルールを作る国、日本はそれに従う国」という中国人の見方もあながち的外れだとは言えない。ルールを作る国は、自分たちが損しないようにルールを作り、例外措置も自国企業には優先して認めるが他国企業はほとんど認められない。

日本の産業の競争力を高めるためには、対米盲従主義を見直すことが必要である。

日本の半導体産業は台湾ＴＳＭＣに絶対に追いつけない

中国の最先端企業ファーウェイを抑え込むために米政府が採った政策の一つが、中国の最先端半導体産業の発展を止めるための規制だ。これは極端な貿易制限を含み、ＷＴＯ（世界貿易機関）違反の疑いさえある。逆に言えば、世界の覇権争いの中で、半導体がいかに重要な地位を占めるかがよくわかるが、そう考えるのは米国だけではない。そこで、米欧中韓台が国運を賭けて覇権争いを繰り広げている半導体産業について見てみよう。

１４０ページのグラフを見ていただきたい。日本の経済産業省が作成した半導体産業の動向に関する資料だ。日本の半導体は１９８８年には世界シェアで50％を超え、ＮＥＣ、東芝、日立、富士通、三菱電機、松下電子工業の6社が世界トップ10に入っていた。それが２０１９年には10％程度にまで落ち込み、ベストテンには東芝から独立したキオクシアがかろうじて入っただけだったということが読み取れる。実は、２０２２年にはキオクシアも脱落し、日本企業はベスト10から姿を消した。資料のタイトルが「日本の凋落―日本の半導体産業の現状――」となっていることからわかるとおり、経産省もプライドを捨てて、過去の失敗を認めたのだろう。それ自体はある意味画期的で評価していいことだ。

その半導体業界で世界のトップレベルにいるのが台湾のＴＳＭＣだ。

半導体産業は回路の微細化を追求することで進化してきた。回路の幅を細くすればするほど、高集積化、低消費電力化が実現できるからだ。日本の半導体がまだ世界レベルだった頃の技術では、最先端半導体の回路の幅は40ナノメートル程度（ナノメートルは1ミリの１００万分の1）だったが、ＴＳＭＣは既に３ナノの量産に入っている。２ナノ量産も目前だ。これをかろうじて追いかけているのが韓国のサムスンで、ＩＢＭは20ナノまで、インテルでも5ナノで競争から脱落している。日本は、10年以上遅れた5世代前の技術レベルで脱落したまま、もはや挽回する余地はないというのが実情だ。

こうした状況なので、これから極めて重要になる最先端半導体を日本国内では確保できない。だから、日本に海外の先端半導体メーカーを誘致するのが経産省の悲願となった。その能力があるのはＴＳＭＣと韓国のサムスンだけで、経産省は韓国が大嫌いだから、台湾のＴＳＭＣに絞って誘致した。そのため、ＴＳＭＣに足元を見られ、新工場設立に必要な資金約1兆円の半分の５０００億円近くを出さざるを得なくなった。ＴＳＭＣは日本第

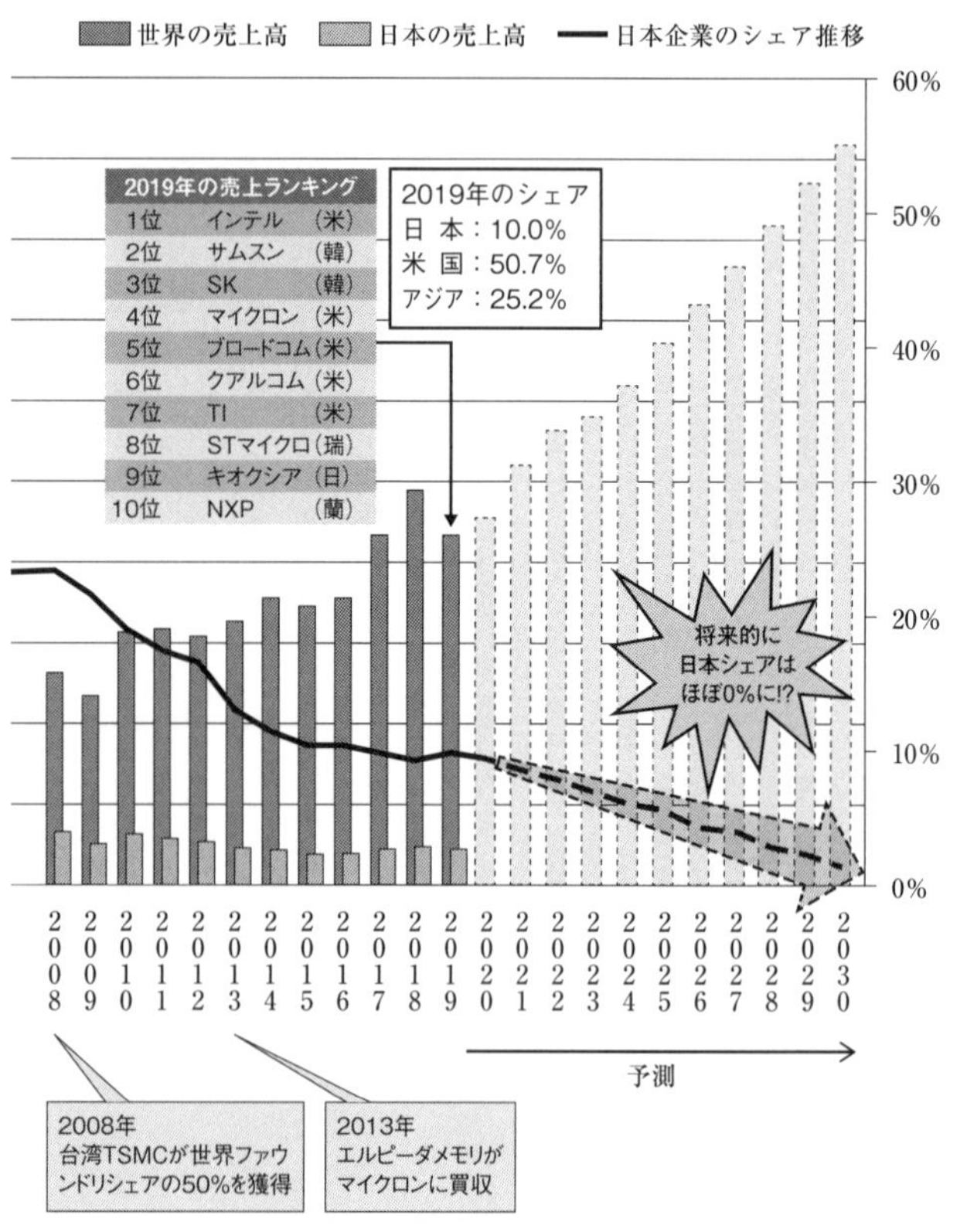

「Omdiaのデータを基に経済産業省作成」より

日本の凋落　―日本の半導体産業の現状（国際的なシェアの低下）―

日本の半導体産業は、1990年代以降、急降下

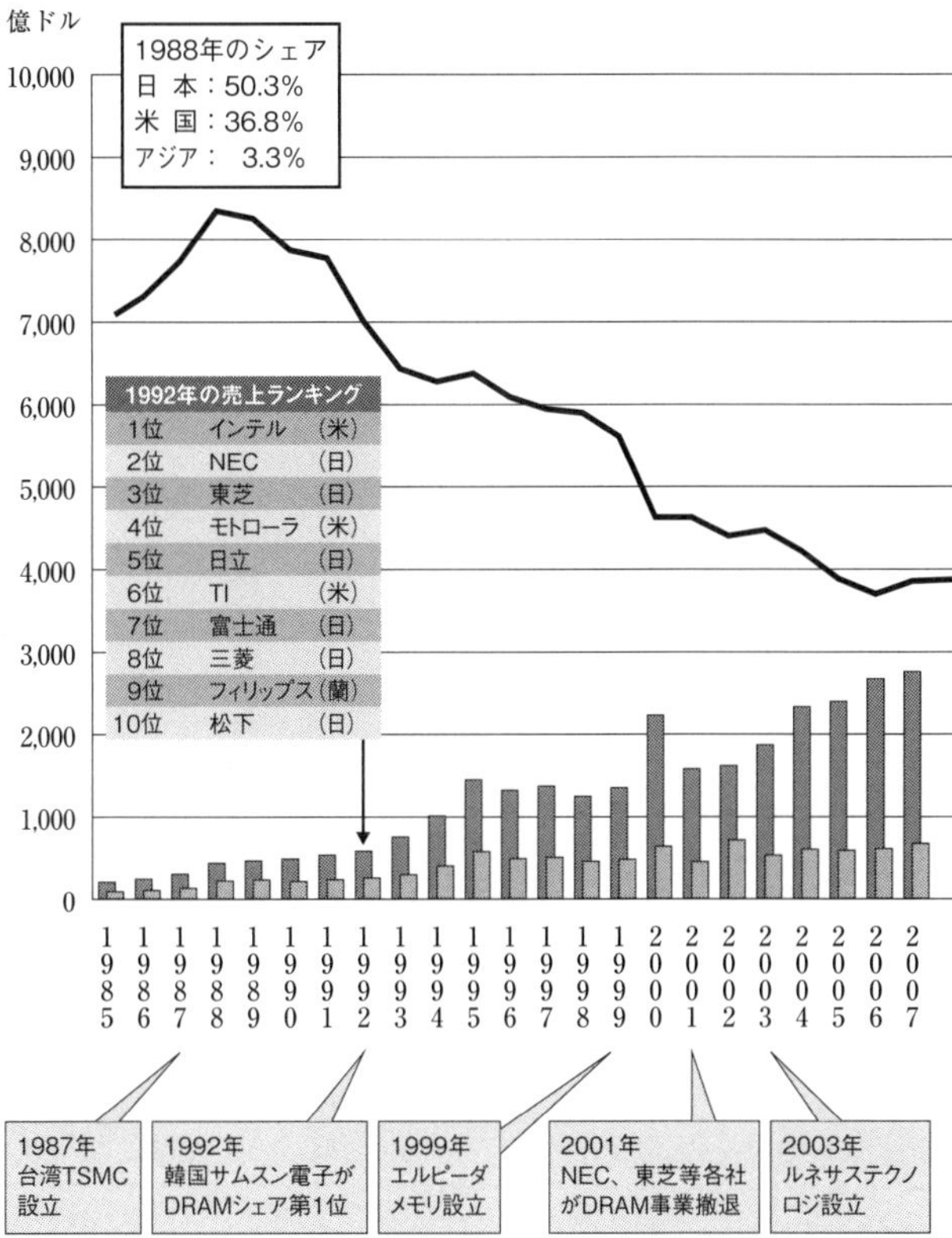

二工場建設も検討しているが、それも「政府の支援レベル」次第だとして、さらに巨額の補助金をもぎ取ろうとしている。これに対して、西村康稔経産相は、「どういった支援が可能か考えていきたい」と尻尾を振っている。

最先端半導体を作っても、日本には使える会社がない

しかし、実はTSMCが熊本で作るのは主に12～28ナノレベルの半導体だ。同じTSMCでも5世代くらい前の工場でしかない。半導体は先端的な製品ほど単価が高く利幅が大きい。汎用品化した旧世代のものを作ってもあまり儲からない。しかし、巨額の補助金が出るなら話は別だ。古い半導体の需要が大きい日本なら需要も確実にある。TSMCから見れば、こんなに美味しい話はないだろう。日本はまさに「カモネギ」なのだ。

どうしてそうなるのか。その裏には政府が絶対に認めたくない悲惨な現実がある。半導体は部品である。高度な半導体は、高度な産業でしか使われない。ところが、いまの日本には3ナノのような最先端の半導体を使える産業がないのだ。例えば、スーパーコンピューターでは日本の「富岳」が世界一になったが、それ以降に有望なものは見えない。

半導体を使った製品で典型的なのはスマートフォンである。スマホは小さく、軽くない

といけないので、より進化した高性能半導体が求められる。例えば、カメラの数が増え、それらを連動して手振れ補正を含めた高度な機能を付加していくと、ケタ違いに複雑で高速の画像処理と計算が必要になる。最新のスマホは一昔前のスパコン並みと言われるほどである。そのため、半導体の機能の向上が究極まで求められるのだ。

ＴＳＭＣにとって最大の顧客はアップルで、売上の25％を占める。この他、発注先のトップ7社（ビッグセブン）のうち、6社がアメリカ企業で1社が中国のファーウェイだったが、米国の輸出規制により販売が禁止された。すると、驚くべきことが起きた。米ＥＶ（電気自動車）メーカーのテスラ社がトップセブンの一角に割って入ったというのだ。

ＴＳＭＣの先端半導体の生産ラインは常にフル稼働状態にある。同社は新たな生産の依頼があっても、その企業の需要が確実で将来性があるかどうかを厳しく審査する。テスラはファーウェイが抜けたのを機に5ナノと4ナノの半導体を大量に発注し、それをＴＳＭＣが受けたということは、ＴＳＭＣがテスラの技術を高く評価したことを意味する。

実はここでもこの先の日本の悲観的なモノづくりの未来が垣間見える。日本ではＴＳＭＣに熊本で20ナノレベルの半導体を作ってもらい、トヨタなどの自動車メーカーがそれを使う。一方のテスラは4ナノの半導体を使う。専門家は、テスラが目指しているのはズバり、完全な自動運転だと見ている。完全な自動運転を実現するには、人間の目や耳に代わる音声認識や画像処理ができて、人間の脳を超えるくらいの高レベルのコンピューティングを可能とする車が必要だ。

完全自動運転の実現にはまだ時間がかかるが、その進歩は早い。一方、これから販売する車を5年、10年使う人もいる。その間に自動運転技術のレベルアップに応じて既に販売した車のシステムをバージョンアップしていくことを考えると、これから売る車に20ナノの半導体を載せていてはダメで、4ナノをいまから載せておくべきだとテスラは判断したのだろう。28ナノから最高でも12ナノで生産は2024年後半からという熊本工場で満足しているトヨタでは、テスラに追いつくことは夢のまた夢というしかない。

経産省が夢想する「日の丸半導体の復活」は絶対にあり得ない

世界トップには到底追いつけない位置まで落ちた日本の半導体産業だが、経産省は日本の半導体が世界を席巻していた昔を忘れられず、「日の丸半導体復活」という構想を打ち出した。その中心が、「ラピダス」という国策プロジェクトだ。トヨタやNTT、ソニーなどの大企業7社が10億円ずつ、三菱UFJ銀行が3億円を出資する半導体企業で、経産省は700億円を補助した。

そして、IBMと協力し、TSMCもまだ量産していない最々先端2ナノの半導体を2020年代後半（27年頃）に量産する。夢のような目標だ。

しかし、TSMCは1年で設備投資と研究開発に合わせて5兆円規模の投資をしている。最先端の半導体の製造ラインを作るには、1つ当たり3兆円がかかり、試作ラインを作るだけでも2兆円必要とされる。

こうした巨額資金を投じる競争について行けない日本企業は次々と脱落していった。結果、残ったのがTSMCとサムスンのみで、あの世界トップを走っていたアメリカのインテルすらも脱落したというのが半導体の世界なのだ。

2ナノを目指すというラピダスだが、日本にそんな技術はない。TSMCはどれだけ頭を下げても最先端半導体工場は作らないとけんもほろろだった。

一方、サムスンは自民党や経産省が大嫌いな韓国企業である。それに次ぐ先端企業インテルは米国政府の巨額補助金を得て自前で最先端半導体製造に挑む。結局、経産省が頼ったのがインテルよりさらに1世代前で脱落したIBMだった。日の丸半導体とは名ばかりで、外国企業に中核技術を頼るしかない。経産省としては屈辱的だが、それはそれでまた一つの進歩ではある。

ところが、ここには危険が潜む。ＩＢＭは研究室レベルで2ナノの製造に成功したと言っているが、前述したとおり、そこから試作品のラインを作るのに2兆円、さらに量産ラインを作るのに3兆円はかかると言われる。しかも3ナノの量産では、あのサムスンでさえ歩留まりを上げる（不良品の率を下げる）のに苦戦して、ＴＳＭＣからかなり後れをとり始めているのだ。ＩＢＭの量産技術は何世代も前のものだから2ナノに挑戦するのは難しい。そこに現れたのがラピダスで、日本企業と政府がおカネを出してくれるという。ＩＢＭとしては、夢のチャレンジにリスクフリーで参加できて、成功すれば、その技術を持ち帰り、自前の工場を米政府の補助金で作ればよい。日本はここでもカモネギなのだ。

流出の危機！　唯一残る日本の優位技術

ＩＢＭにはもう一つ狙いがある。それは、日本にまだ残っている個別分野の優れた技術だ。日本はＩＢＭに半導体の最先端技術を教えてもらう代わりに、日本に優位性があるいわゆる後工程（パッケージングなど）の技術をＩＢＭに教える関係になる。経産省は、日本の虎の子のニッチ分野の最先端技術を米国に流出させる愚を犯そうとしているのだ。

繰り返しになるが、日本がいまさら最先端半導体製造で世界トップに並ぶのははっきり言って無理だ。ＴＳＭＣの関係者に聞くと、日本企業は半導体製造には一番向いていないという。いまの半導体産業はスピードとリスクとの戦いだ。兆円単位の投資を継続的にしかも他の企業に先駆けて行うことを継続する必要がある。日本企業の経営者はリスクが取れず、意思決定のスピードも遅い。だから、日本企業は半導体製造には向かない。しかも、それは個々の経営者の問題ではなく、企業文化の問題で、一朝一夕には変わらないと言うのだ。

一方、日本にはまだ半導体製造装置、各種の検査装置、部品、材料の開発・製造など個別分野ごとに見ると世界トップレベルの技術を持ち非常に高いシェアを誇る企業がかなりある。ＴＳＭＣやサムスンに比べれば規模は小さいが、これらの企業が作っている製品は半導体製造には欠くことのできないものも多い。

そうした分野は、半導体製造のボトルネックになり得る。そこで、それらの企業のさらなるレベルアップと規模拡大のための大胆な投資を行えば、半導体産業の根幹に影響を及ぼす産業群を作ることができる。言葉を代えれば、半導体産業の小さなボトルネックを数多く握れるのだ。

3–2 日本再生のためにドラスティックな発想の転換を

時代に取り残された日本の現実

日本は、その強みを活かして世界の「下請け大国」を目指すしかない。

これまではなんでも「日の丸でやる」と言って、失敗を繰り返した。日本電気、日立製作所、三菱電機のDRAM事業部門を統合したエルピーダ・メモリは破綻し、三菱電機、日立製作所、NECの半導体部門を統合したルネサス・テクノロジ（後のルネサス・エレクトロニクス）も20年近く生死の境をさまよった挙句、産業革新機構の支援を仰ぎ、最近ようやく息を吹き返すかという体たらくである。

三菱重工の国産ジェット機プロジェクトでも、苦戦する三菱重工にコックピット部分を作ってやろうかとボーイングからオファーがあったが、経産省は心臓部を外資に取られてたまるかと意地を張り、経験のない米国の型式認証をとるところで先に進めなくなり結局、大失敗に終わった。経産省の日の丸主義、さらに言えば「経済大国日本」へのこだわりの

DNAが常に失敗の原因となってきた。そういう過去を踏まえて、国策プロジェクトのラピダスを見ると、今回はIBMを参加させるなど若干の体質変化は感じさせるものの、なおも2ナノ製造という無謀な計画を立て、半導体そのものの製造に執着するさまは、結局、「日の丸半導体大国の復活」といういつものパターンに戻ったのかと思わざるを得ない。

ある先端半導体に詳しい企業経営者がそんな日本にも起死回生の一打があるかもしれないと囁(ささや)いた。TSMCやラピダスなどに何兆円もの巨額投資をする代わりに、TSMC本社に対して、例えば10兆円から15兆円くらい出資する交渉をしてはどうか。同社の時価総額は約61兆円(2023年3月18日現在、4640億ドル、1ドル131.79円換算)なので15%から25%を保有する大株主になれる。TSMCは半導体業界で明らかに勝ち組であるから優良な投資になるし、同社に一定の発言権を持てれば、熊本に工場を持つより、経済安全保障上もはるかに有意義なのではないか。ただ、このような大胆な発想をサラリーマン官僚や井の中の蛙の政治家たちに求めるのはしょせん無理なのかもしれない。

「日本のEV革命」を完全に乗り遅れさせたトヨタの大罪

世界の覇権争いのカギを握る半導体と同様に、いま、世界の国々が総力を挙げて競う分野の一つが、電気自動車（ＥＶ）とＥＶ用の電池である。自動車と言えば、日本には世界一のメーカー、トヨタをはじめ最高レベルの技術を持つ企業がひしめいている。そして、自動車産業は、その関連産業も含めると、全産業の約一割にあたる５５０万人の雇用を生み出している日本経済の屋台骨である。経産省も「自動車一本足打法」と認めるほどだ。しかし、その自動車産業が、ＥＶの分野で、大きく出遅れてしまった。

それを象徴するのが、２０２１年５月に「２０３５年に２００万台のＥＶ販売」という目標を掲げたトヨタである。出遅れ批判に応えようと、彼らとしては思い切った発表を行ったつもりだったのだが、まったく裏目に出た。

まず世界は、ＥＶを話題にしているのに、トヨタは「電動車」という概念を使った。電動車には、バッテリーだけで動く本物のＥＶの他に、ハイブリッド車（ＨＶ）やプラグインハイブリッド車（ＰＨＶ）も含まれる。その電動車を２０３５年までに８００万台にすると胸を張ったのだ。年間販売台数１０００万台の大半が電動車になるということで、これは凄いと賞賛されると思ったようだ。しかし、肝心のＥＶはたったの２００万台でしかなかった。世界から、「そんなに少ないのか」とバカにされ、国際ＮＧＯからＥＶ化の遅れを公然と批判された。大失態である。

これに慌てたトヨタは、２０２１年12月に、「今度こそ本気です」とばかりに、目標を「ＥＶ３５０万台」と上方修正する会見を大々的に行った。豊田章男社長（当時）本人が、16台のＥＶを並べて、熱弁を振るう姿が全国に流されたので、覚えている人も多いだろう。「トヨタはこんなに多くのＥＶモデルを準備していたのか。さすが世界一の自動車メーカーだ」と感嘆して思わずヨイショ記事を書いてしまった記者もいた。実はこの16台のうち11台は単なるコンセプトモデルと呼ばれる空っぽの張り子だった。トヨタの焦りがよくわかる。

その後のトヨタは心を入れ替えてＥＶ化に邁進したのかというと、そうではない。そこには理由がある。何よりも、豊田社長がＥＶを嫌っていると思われていた。自社ＣＭで、どんな車が好きかという俳優の香川照之氏の質問に「うるさくて、ガソリン臭くて、そんな車大好きですねー。ハ、ハ」と答える豊田氏。「燃費が悪くて、音がいっぱい出てね、そんな野性味あふれた車が好きですね」というバージョンもネットに上がる。ＥＶは、ガソリン臭はなし、極めて静か、燃費（電費）もよい。豊田氏の好みとは正反対だ。車メーカーの社長の発言とは信じられないが、それが信念なのだ。

トヨタ車1台当たりの純利益はテスラの5分の1

そんな社長の願望を踏まえたのか、トヨタの方針は、ヨーロッパではEV化が進むものの、当面はガソリン車とハイブリッド中心で稼いでいこうというものだった。特に、アジア、中東、アフリカ、中南米などではまだまだガソリン車が中心であり続けると想定していたし、アメリカでも中部あたりではガソリン車が好まれるとして、EV化は一部の先進的な州以外ではそんなに急速には進まないとみていた。トランプ大統領が温暖化対策に後ろ向きだったこともトヨタの自信を裏付けたのだろう。

ところが、バイデン政権がインフレ抑制法案などを通し、EVに巨額補助金を出すなど、もの凄い勢いでEV化を推進する体制が出来上がった。通常、新製品の普及速度は12〜13%くらいまで普及してくると一気に加速すると言われるが、米国でのEV比率は2022年通年で10%に達し、直近ではそれを超える勢いだ。まさに急加速段階に入るのだ。

国策でEVに力を入れる中国では2022年通年で19%、直近では4台に1台はEVだ。イギリス、フランス、ドイツでも10%をかなり超え始めた。

2022年のトヨタの世界販売は3年連続世界一だと日本では大きく報じられたが、世界が注目するＥＶ販売は、２万４４６６台だった。トヨタは、７割増とマスコミにアピールしたが、前年がほとんどゼロだから意味はない。この数字は、はっきり言って悲劇的だ。世界販売台数でライバルのフォルクスワーゲンのＥＶ販売は、26％増の57万台。トヨタの20倍だ。ＥＶ世界1位のテスラは１３１万台で、トヨタの53倍、２位中国のＢＹＤは91万台で、37倍だから、誰がどう見てももう手遅れに見える。

さらに気になるのは、稼ぐ力でもトヨタはテスラに大きく差をつけられたことだ。ＥＶ専業で黒字なのはテスラくらいだと言われる。トヨタは赤字になるＥＶをほとんど売っていないのに、２０２２年年４－12月期の1台当たりの純利益はテスラの5分の1だった（日本経済新聞２０２３年2月10日）。純利益の絶対額も同期間にトヨタの約１・９兆円に対してテスラは１・３兆円とかなり追い上げられている。トヨタの強みは何と言っても資金力だ。ＥＶで出遅れても、カネの力で取り戻せるというおかしな期待が市場にはあるのだが、これだけ稼ぐ力で追いつかれてくると、もはや一刻の猶予もないと言わなければならない。

と、ここまでの話だけなら、トヨタが何もしなかったように思うかもしれないが、決してそういうわけではない。しっかりと反撃の手を打ってきた……はずだった。

「ガソリン車が好き」発言がもたらした波紋

2022年5月、トヨタは満を持して旗艦EV、bZ4XというSUV（多目的スポーツ車）を販売した。ついにトヨタが本気のEVを出したと評判になったのだが、発売後間もなく車輪が脱輪するとして、世界中でリコールという大失態を演じてしまった。同年10月から販売再開したが、日本ではリースかサブスクでしか受け付けていない。おそらく性能が悪いので、クレームが出るのが怖いのだろう。

ノルウェーは既にEV比率が8割に達する世界最先進地域だ。顧客の目も厳しい。実は、同国のEV評価サイトに流れたbZ4X性能評価はボロボロだった。最大の問題は電池の性能が十分に発揮できないことのようだった。この評価は打撃だ。今後、特にヨーロッパでトヨタEVの販売が伸びる可能性は極めて低いと言わざるを得ない。

トヨタのEV技術が遅れたのは、世界の潮流を読み違えてEVを軽視してきたからに他ならない。その底流には、ガソリン車への固執、哀愁、そして、自社が世界一と誇るハイブリッド車（HV）への執着がある。

象徴的なのは、プリウスのハイブリッド・リボーンとか新型クラウンのSUV投入といった大きな営業展開でも、基本は旧来からのＨＶやせいぜいＰＨＶ車種を何かすごく新しいものであるかのように、大々的に宣伝していることだ。そこにはＥＶの柱がない。欧米の新車広告ではＥＶが主役なのとは対照的だ。

ＨＶが先進的な車だった時代、トヨタは環境にやさしい先進的メーカーというイメージだった。しかし、いま、それが逆回転し始めている。S&P Global Mobility によれば、２０２２年１～９月にテスラ車に乗り換えたユーザーのうち、30%近くはトヨタ車およびホンダ車のオーナーだった。

ＨＶが環境を意識する層に人気が高かったのだが、環境対策でより先進性が高いというイメージを作ったテスラのＥＶが、トヨタやホンダのエコ・ブランドを完全に上回ってしまったのだ。こうした層の期待を一身に担っていた感のあるトヨタだけに、逆に彼らに与えた落胆は大きく、いまや、豊田章男氏のあの「ガソリン車大好き」発言なども相まって、トヨタ＝アンチ・エコというイメージさえ広がりつつある。これに付け込んで、テスラ以外のＧＭ、フォード、さらには韓国の現代（ヒョンデ）なども、ＥＶを旗印にトヨタ支持層に食い込みを図り、かなり成功を収めつつあるという。エコ・ブランド喪失は、トヨタのみならず、日本にとって、極めて大きな損失だ。

世界最先端だったパナソニックの電池技術もトヨタのおかげで凋落

トヨタをはじめとした日本の自動車メーカーのＥＶシフトの遅れは、実は、日本の電池産業に深刻な影響を与えている。例えば日産や三菱は２０２２年に発売したＥＶの軽自動車が大量に売れたが、電池の確保が間に合っていない。いま、世界中で電池を作るための工場建設ラッシュになっていて、その中心は中国のＣＡＴＬとＢＹＤ、韓国のＬＧ、ＳＫ、サムスンなどだ。

本来は、パナソニックがその先頭に立っているはずだった。だが、日本のリーダーであるトヨタがＥＶ化を遅らせたために、車載用電池でシェア35％の世界断トツ首位だったパナソニックは、直近では4位まで落ちた。シェアも10％を切るありさまだ。トヨタが慌ててＥＶ化に舵を切ろうとしているので、パナソニックも追随しているが、世界の潮流からは数年遅れになってしまった。パナソニックがトヨタを無視して、韓国の電池メーカーのように、海外の自動車メーカーと組んで大規模投資に踏み込んでいれば、半導体におけるＴＳＭＣのようなポジションを築けたのにと悔やまれる。

トヨタの目論見（もくろみ）が外れたのはこれだけではない。ＥＶではなく、水素自動車（ＦＣＶ）

に可能性があるとして水素を使った燃料電池車（ＦＣＶ）の「ＭＩＲＡＩ」を出したのだが、こちらは本当の実用化には程遠く、消費者を惑わすだけの車になってしまった。１台700万円と高いから誰も買わないが、そもそも、水素充填ステーションがほとんどなく、あっても夕方には閉まってしまうなどほとんど使えない車になっているのだ。

トヨタは民間企業だから見通しを誤っても株主以外からは責任追及されないが、政府の方は許されない。トヨタの影響下にある経産省は、その意向を受けて、長年ＥＶ化を抑制し、ＦＣＶだけ異常に優遇する政策を実施してきた。いまもＥＶ向け補助金が最大85万円なのに、ＦＣＶには最大255万円というバカみたいな補助金が出る。誰がどう見てもえこひいきだ。本来は、ＥＶ化に焦点を絞って、充電ステーションの増設などに力を入れればよかったのに、ＥＶ化を遅らせたため、民間が作った充電ステーションも使われず、更新時期を迎えた最近数年では、何とステーションの数が減少するという世界中が驚くようなことが起きている。経産省の政策判断のミスがＥＶ化の足を引っ張っているのだ。

ちなみに、自民党に対する政治献金で自動車産業の貢献度は医師会を除けば業界ナンバーワンだ。企業別ランキングでも、当然のことながらトヨタが１位だ。非常にわかりやすいではないか。安倍政権下で政権とトヨタが癒着し、本来あるべき自動車政策の長期ビジヨンを捻じ曲げて、ＥＶ抑制・水素最優先という世界に例のないバカな政策をとったことが日本のＥＶ敗戦の最大の原因であると、私は考えている。

安倍政権が潰した太陽光発電産業を復活させるのは誰か？

カーボンニュートラルのために最も注目されるのが再生可能エネルギーだ。中でも、風力と並び主役となるのが太陽光発電である。かつての液晶同様、太陽光パネルも日本企業が世界のトップ10に5社程度ランクインし、２００７年まで1位はシャープの指定席だった。だが、これも今や世界でほとんど売れないという悲惨な状態にまで凋落してしまっている。

日本をコテンパンにやっつけたのは中国だが、中国政府の再エネ推進政策は、規模もスピードも本気度が違う。そのおかげで中国企業は大量に太陽光パネルを作りまくり、徹底的にコストを下げた。いまや、日本企業は手も足も出ない状況だ。

とはいえ、まったく復活の可能性がないと言ってしまうのも言い過ぎかもしれない。あえて希望を見つけるとすれば、米中対立の激化により、米国内でも太陽光パネルを中国製に頼ると電力安定供給上問題だとの論調が強まりつつあることだ。仮に米国が中国製パネルを排除すれば、日本政府も追随するかもしれない。そうなれば、再び日本企業が息を吹き返すという可能性はないとは言えない。ただし、詳しくは紹介しないが、この分野の技術進歩は非常に早い。そのため、研究開発投資と設備投資が重要だ。だが、日本企業はリスクを取るのが苦手だ。政府のエネルギー政策の基本方針がふらついていては、ますます投資しにくくなる。逆に言えば、政府がはっきりした再エネ推進路線を示せば、再チャレンジする企業が出てくるだろう。いまがギリギリのタイムリミットなのだが……。

政府の姿勢が明確ではないことが日本企業のハンディキャップになる中、自治体レベルで大きな政策転換のきっかけになる可能性を秘めた動きが始まった。東京都では一定規模以上の新築住宅に太陽光パネルの設置が義務付けられる。川崎市もこれに追随した。ここで思い出すのは石原慎太郎都知事が全国に先駆けて、一定レベルの基準を満たさないディーゼル車の都内での走行を禁止するという厳しい規制を導入したことだ。当初は現実離れした無謀な策と批判されたが、他の自治体も追随し、結局、政府も導入に追い込まれた。小池百合子都知事は、これの再現を狙っているのかもしれない。

なお、中国製の太陽光パネルをわざわざ推進するのはおかしいという批判もあるが、それよりも国内での需要を思い切り拡大し、日本メーカーには、最新技術による新製品で中国製を凌駕することを目指してもらうのが採るべき道である。

日本の風力発電メーカーを撤退させた安倍政権の責任

風力発電も太陽光と並び大きな成長が見込まれる分野だ。ここでも当初は日立や東芝、ＩＨＩといった日本の重工メーカーなどが先進的な取り組みをしていた。しかし、第2章で取り上げたとおり、政府は固定価格買い取り制度導入の際に太陽光に異常に優遇した発電単価での買取を保障したのに、風力はそれほどでもなかった。さらに、風力発電の大型化が進み洋上風力が主戦場となったが、日本では複雑な漁業権の交渉などを民間任せで放置したため、ほとんどその設置が進まなかった。需要が見込めなければ、積極投資はできない。大量生産の道筋も見えないまま、日本企業は風力発電から次々に撤退していった。

洋上風力は欧米が強く、スペインのシーメンスガメサやデンマークのベスタス、米国のＧＥなどがある。さらに中国にも有力企業があり、欧米企業との競争が激化しつつある。それに対して日本は競争できる企業が一社もないという状況だ。

それでも、経産省はカーボンニュートラル実現の切り札として洋上風力を促進する方針を掲げた。２０５０年までに何と原発30基から45基分を風力発電で賄おうというのだ。日本企業は部品などで参入するという絵を描くが、ちぐはぐ感は否めない。政府の再エネ推進政策の失敗で日本経済に大きな機会損失をもたらしてしまった。非常にもったいない話である。

とはいえ、それでも日本がおこぼれ的に利益を得る道はある。

風力発電がどんどん大型化しているからだ。日本で洋上風力をやる場合、海外で作ったブレード（羽根）などの装置をそのまま船で運ぶのは非効率なので、組立工場を日本に作ろうという話になる。大型プロジェクトになれば、ブレードやそれ以外の大きな部品などの製造工場を日本に置くこともあり得る。また、発電機なども日本製が使われるかもしれない。海外企業の工場誘致や部品の供給でそれなりの経済効果を見込めるはずだ。

しかし、ここでも、日本政府はとんでもない政策ミスを犯している。風力発電を大型化すると、一部の欧米企業と組んだところしか参入できなくなるという理由で、プロジェクトの規模を比較的小規模に抑えようとしているのだ。その影響は既に現れている。デンマークのベスタスは、当初日本で計画した大型風車の工場建設を撤回した。シーメンスなども日本への供給を見直すという。２０２３年１月には、ベスタスが韓国に３億ドル投資して工場を作り、アジア・太平洋地域の本部をシンガポールから韓国に移転すると発表した。日本から韓国に乗り換えたのだ。日本政府の失敗の典型だが、そうした報道はない。

洋上風力のみならず、日本の再エネ拡大が大きく遅れた最大の要因は、日本政府が原発推進にこだわる政策をとり続けたことにある。この点は第2章で詳述した通りだ。

誰も語らないアベノミクスの「正体」

こうしていくつかの主要な産業を見ていくだけでも、安倍政権下でいかに政府による経済失政が続き、国力が劇的に転落してしまったかがわかる。いまや日本経済はボロボロだが、それでもなお、「アベノミクスで景気が良くなったのは事実だ」と主張する人たちがいる。確かに安倍政権時代には就職率が上がり、アルバイトやパートの賃金も多少上がった。さらにトヨタをはじめとする日本を代表する企業が史上空前の利益を上げてきた。具体的にいうと、有効求人倍率が0・82倍（2012年12月）から1・64倍（2018年9月）になり、企業利益も48兆4000億円（2012年度）から83兆9000億円（2018年度）に跳ね上がった。だが、それは「アベノミクスのおかげ！」なのだろうか。

答えは「ノー」だ。

就職率やパート・アルバイトの賃金改善はあくまで日本の構造的な問題によるものだ。

少子高齢化が急速に進む中、ちょうど団塊の世代が労働市場から大量に退出したため各地で人手不足が生じた。特に若年労働者が足りないのでパートやアルバイトで働いている人たちは、労働市場の需給逼迫で、その賃金がちょっとずつ上がった。そして、採用を抑制していた時代に比べ、退職者がさらに増えて、新卒採用も増やしていく時期になった。

それで、少し前の就職氷河期世代に比べると驚くほど新卒の内定が取りやすくなり、「景気が良くなった」と言う人が出てきたのだ。実際は新卒の初任給はほとんど上がらず、しかも実質賃金は下がっているのだから決して景気が良かったわけではない。

では、企業が空前の利益を上げることができたのは景気が良くなったからなのか。それも違う。原因ははっきりしている。「円安」だ。民主党政権時代に1ドル80円だったものが、安倍政権下ではあっという間に120円超の円安になった。その「円安マジック」で、輸出企業は何もせずに利益を何倍にも増やせたのである。それがどれほどの恩恵だったのか。円安メリットのマグニチュードはあまり理解されていない。

1ドル80円が120円になったら利益が1・5倍になるのかというとまったく違う。

例えば原価70円で作った商品を1ドルで売った場合、1ドル80円であれば1つ売れると10円の利益が出る。ところが1ドル120円になると1つ売れれば利益は50円になるから、なんと5倍もの利益になるのだ。

さらに、円安は、国際競争をしているトヨタなどの企業から見ると、賃金の切り下げの意味を持つ。1ドル80円の場合、日本の労働者は時給800円で、アメリカから見ると時給10ドルだが、1ドル120円なら時給800円は6・7ドルだ。自動車メーカーのように国際競争している分野では、日本は賃金を3分の1カットしたことになるのだ。

アベノミクスが企業を甘やかし、日本経済を凋落させた

本来、企業は競争にさらされることで経営努力のプレッシャーがかかる。だが、円安によって何もしないで人件費コストを3分の1もカットできる環境になると何が起きるか。

何もしないで利益が膨らみ生き延びることができるので、努力するモチベーションが下がる。過去最高益を記録するメーカーがたくさん現れたのは事実だが、円安でものすごく販売量が増えたかというと、そんなことはない。特別な営業努力をしたわけでも、利益を設備投資に回して製品開発を強化したわけでもない。リスクを取った研究開発でイノベーションを生んだのでもない。単純に為替差益によって利益がものすごく膨らんだだけ。

これが、「アベノミクスで景気が良くなった」という言説の正体だ。

これを少し違った視点で見るとどうなるか。経団連が経済界を甘やかす政策の推進を安倍政権に要求し、それに対して安倍首相は、総理就任後の国会の施政方針演説の時から繰り返した「世界で一番企業が活躍しやすい国」作りで応えた。その中身は、前述した、何も努力しなくても利益が出る環境整備だ。そして、その対価として経団連企業に献金を求めた。これは、大きな視点で見れば「贈収賄」と言ってもいい。その結果、〝ぬるま湯政策〟によって企業が一定の利益を出すことが保証される構造ができた。

そして、日本の産業の競争力は、ここまで述べたとおり、取り返しのつかないほどに衰えたのだ。１ドル１１０円でも、円高を何とかしてくれと騒ぎ立てる企業が多いのもその証左である。

ちなみに、アベノミクスで株価が上がり、ストックオプションなど経営者の報酬も膨らんだ。濡れ手に粟の状態だ。経営者の間でアベノミクスの評価が高いのは当然である。

安倍政権によって企業経営者はますます努力を怠るようになり、前述のとおり、日本は、韓国、台湾、中国などとの競争に次々と負けてしまった。

本来、この状況を変えるためにやるべきことは「生産性の向上」だった。「生産性の向上」をわかりやすく言えば、より儲かるようにするということだ。韓国、台湾、中国などに追いつかれた日本は、さらなるイノベーションで、彼らのもう一歩先を行くことで稼げるビジネスを展開すべきだった。だが、残念ながら経営者にはそのアイデアがなかった。

では、何をやったか?

先進国最低の賃金水準はアベノミクスの"賜物"

あろうことか労働者の賃金を下げることで利益を確保しようと考えたのだ。そして経団連はそれを自民党に求め続けた。

最も大きな効果をあげたのが派遣労働の拡大だ。派遣労働は長い間、専門的な13業務に限って認められるという非常に限定的な制度だった。それが、経団連などの要求で、徐々に拡大され、製造業などにも認められるようになった。派遣労働拡大は、明らかに労働コスト削減が目的だ。その拡大により労働者全体の平均賃金は下がる。無能な経営者にとっては、これほどありがたいことはなかった。

ちなみに、実質的には企業の指揮監督下に入って労働者として働いている実態があるにもかかわらず、これを請負契約であるとして労働法の適用を排除する「偽装請負」という行為も横行した。これについての取り締まりが非常に甘かったため、企業はこれを賃金コストカットの手段として多用した。これも自民党と経団連企業との癒着の結果である。

賃金コスト削減のための自民党の政策はまだまだある。その一つが、2008年に策定された「留学生30万人計画」だ。この計画は、名目上は日本を世界により開かれた国とし、アジアや世界との間のヒト・モノ・カネ、情報の流れを拡大する「グローバル戦略」展開の一環と位置付けられていた。この計画を聞いた時、一般の人は、欧米を含めた世界中から優秀な大学生や大学院生がたくさん日本に来るというイメージを持っただろうが、実態はまったく異なり、その9割がアジア人で、しかもその多くは専修学校と日本語学校への留学生だった。

その数は安倍政権になって急増し、2019年には本当に30人万人超えを達成してしまった。その裏では、留学生のアルバイト労働時間の規制を緩和し、飲食店やコンビニエンスストアは留学生バイトで大いに助けられている。「グローバル戦略」という掛け声は、「低賃金労働者の大量導入」をカモフラージュするために利用されただけなのだ。

人件費削減に利用された！ 人権無視の「技能実習生制度」

もう一つ、国際貢献とは名ばかりの低賃金労働者導入策が外国人技能実習生制度だ。

「国際貢献のため、開発途上国の外国人を日本における実習を通じて技能移転する」という美名のもとに実施された。だが、驚くべきことに、彼らを雇用している事業所の半数以上が法律違反を犯していることを法務省が確認していたのに事態が改善されず、廃止されることもなかった。「現代の奴隷労働」と世界中から非難されながら、安倍政権下でさらに急拡大し、2012年の15万人弱から2019年には41万人まで増えている。経団連が喜ぶ政策だと短期間で著しい成果を上げるのが安倍政権の特徴だった。

国内外で「奴隷労働」への批判が高まる一方、人手不足はますます深刻化する事態に対応するため、安倍政権はついに正面から人手不足対策としての低賃金外国人の受け入れ政策を2019年に導入した。それが「特定技能」制度だ。こちらは、「国際貢献」ではなく、人手不足対策と銘打ち、一部に家族帯同も認め、永住への道を開く措置も含まれることから、事実上「移民受け入れ」の道へ足を踏み入れたことになる。しかし、安倍政権は右翼支持層の手前、移民受け入れとは認めず、極めて限定的に導入すると言って議論を始めた。当初は介護、宿泊、農業、造船、建設の5分野限定という話だったが、ここでも経団連に押し込まれて、素形材、産業機械、電気・電子情報、自動車整備、航空などが追加され合計14分野まで拡大された。いつものパターンである。

この制度は、技能実習制度の問題への反省もあり、少しはましな仕組みになっているのだが、それでもやはり、数々の人権侵害などの不祥事が後を絶たない。しかし、考えてみればこれは当たり前だ。なぜなら、人手不足でも高い賃金を払えない企業を助けるための制度だから、結局、ギリギリの条件で労働者を働かせようとする。問題が起きても、これを当局が厳しく取り締まると、その企業は潰れてしまう。そこでどうしても仕組みとして見て見ぬ振りができる制度になってしまっているのだ。

自民党と経団連や中小企業団体などとの癒着を断ち切らない限り、この問題は解決できない。また、自民党の岩盤支持層と言われる右翼支持層の外国人差別意識も問題だ。外国人差別を厳しく規制する法律を作るなどをしなければ、いくら特定技能制度の見直しなどを行っても根本的な解決にはならないだろう。この観点からも、自民党政権には限界があると言わざるを得ない。なお、ここでは詳細に立ち入らないが、入国管理制度についても同根の問題があることを認識しておく必要がある。

結局、アベノミクスによる史上空前の企業利益は円安による輸出大企業の利益かさ上げと自民党と経団連による円安を含む低賃金政策によるバブルに過ぎなかった。数字のマジックと言ってもいい。その結果、国家と国民に日本産業の国際競争力低下という、取り返しのつかない損失を与えた。それがアベノミクスへのフェアな評価である。

マクロバカが暴走させた異次元緩和の出口がない

アベノミクスの失敗について、さらに具体的に指摘しておきたい。

アベノミクスに対して当初から批判する野党議員や学者が一部にはいたが、国民は概ね肯定的に受け止めていた。だが、成果はまったく出なかった。なぜか。

当時の安倍首相が、「リフレ派」と呼ばれる一部のマクロ経済学者のアドバイスを鵜呑みにしたうえ、成長戦略などミクロの政策にまったく関心を持たなかったからだ。アベノミクス開始当初は、黒田東彦（くろだはるひこ）日銀総裁（当時）や政権を支えるマクロ経済学者たちは、皆、デフレ脱却がすべてだと言い、それさえできれば問題は解決するかのような幻想を振りまいた。その時彼らがたびたび引用したのが、ノーベル経済学者のクルーグマン氏の学説だった。そしてデフレ脱却には人々のインフレ期待を上げる必要があり、「マネタリーベースを増やせばいい」と言った。その意味は、分かりやすく言えば、日銀が国債などを買い入れて円をばらまけばいいということだ。黒田総裁が2年もあれば脱デフレは実現できると大見得を切ったので、国民はそういうものかと思ったのだ。だが、そんな夢のようなことはまったく起きなかった。

すると、今度は2014年に消費税を上げたのがよくなかったなどと言い訳をし始めた。消費税を増税しても、それを上回る資金を日銀が供給すればよかったのではないかと思うが、そういう議論はなく、次は「需要が不足していることが問題だ。需給ギャップを埋めないといけない」と言い出したのだ。金融政策だけでは足りないので、財政出動によるバラマキを無制限にやることにした。ところが、それでも景気は良くならず、その後もバラマキを継続するのみで予算の規模は膨らむ一方だった。

私が官僚だった頃なら国の予算が100兆円を超えるなど考えられることではなかったが、いまではそれが当たり前になり、2023年度予算はなんと114兆円にまで膨らんでいる。当然、財政赤字は膨らみ、政府債務は1200兆円を超えてしまった。これもアベノミクスでタガが外れた放漫財政に原因がある。

これに対して、MMT（現代貨幣理論）などを唱える人が出てきた。通貨発行権がある国家はいくら国債を刷っておカネをばらまいても、いざとなったらおカネを刷って借金を返せるから破綻することはないという凄い学説だ。国債は国の借金だが国民の財産でもあるとか、国の借金は増えても日銀が買えば日銀の資産は増えて合算すればチャラになるなど恐ろしいことを言っていた。

しかし、世界中のどの政府も中央銀行もＭＭＴなど相手にしていないことからわかるとおり、これはとんだ暴論である。コロナ禍で大々的に財政出動した先進各国では、既に財政再建をどうするかという議論を真剣に始めているが、日本ではそういう議論ができない。異次元緩和の出口を議論するだけで国債暴落、金利上昇、株価は大暴落ということになるからだ。そんなことは政治的に選択できない。

3–3 安倍政権下の金融政策失敗と今後の行方

アベノミクスの理論的基盤はとっくの昔に崩壊

ところで、安倍政権のマクロ学者がお守りのように大事にしていたクルーグマン氏は、２０１５年に自分の考えが間違っていたことを認めている。Rethinking Japanという論考で、日本のデフレは単なる一時的需要不足という景気循環の問題ではなく、人口減少という構造問題だった。だから金融緩和をやっても解決できなかったというのだ。そして、そもそも需要自体が大きく減少しているので爆発的な財政政策をやるしかないが、多分それは政治的に無理だから、結局解決の道はないというようなことを言ったのだ。アベノミクスの前提が崩れた瞬間だ。しかし、この点はほとんど報じられていない。

さて、日銀がどうするのかだが、異次元緩和を徐々に止めようとした場合、ショックで金利が急騰すれば、住宅ローン地獄、ゾンビ企業破綻連鎖、さらには政府自身が国債利払い費急増で財政危機という事態も十分にあり得る。もちろん、日本は先々の成長がまったく見込めず、民間の資金需要がないため長期的には金利は落ち着くかも知れないが、世界はそんな日本を見限るから円安になるリスクがある。投資も入らず、不景気なのに円安で物価が上がるスタグフレーションという最悪の状況に陥るかもしれない。円安に歯止めが利かなくなれば、さらなる金利引き上げという悪循環になる可能性もある。どうなるのか予測するのは難しいが、どう転んでも良いシナリオになりそうもない。

アベノミクスには「金融緩和」と「財政出動」という名のバラマキに加え、「成長戦略」という〝3本目〟の矢があると主張していた。リフレ派の黒田総裁でも成長戦略が重要だということはわかっていたはずだ。いくら異次元の金融緩和をしたところで、構造改革を行い、産業構造の転換をしていかなければ経済の再生などできないというのは自明だ。

安倍政権もそう考えていたから3本目の矢として「成長戦略」を掲げた……と誰もが信じていた。現に、安倍晋三首相（当時）の「バイ・マイ・アベノミクス」というセールス・トークは海外の市場関係者から絶大な支持を得て、２０１３年の最初の成長戦略に期待が集まった。その結果、何もしていないのに株価は大幅に上がったのである。

株価とは現時点の経済の状況を評価するのではなく、将来への期待感を示すものだからだ。ところが、その年の夏に成長戦略をまとめて発表したところ、発表の最中に株が暴落してしまったのだ。発表された内容を見たら中身がなかったからだ。アベノミクスを象徴する出来事だった。要するに中身のある経済政策が皆無だったのだ。

改革をすると宣言している以上、最初にどういうものを掲げるかが非常に重要なのに、最初の時点で何も中身がないことがわかってしまった。

ここからアベノミクスの迷走が始まる。長期的に経済が成長を続けると市場関係者が期待すれば株価は継続的に上がる。だから、持続的成長を実現するためには成長戦略で痛みを伴う改革も厭わないとなるはずだ。しかし、安倍氏の考えは違った。株価が高くなれば、人々は経済が良くなっていると勘違いする。したがって、手段はどうでもいいから株価を上げさえすればいいのだと考えたのだ。

安倍政権維持のために日銀は株を買って株価をつり上げた

アベノミクスの最大の成果として「民主党時代に7000円台だった株価が4倍になった」と喧伝された。そのため、安倍政権にとって株価は生命線で、大幅に下落するような事態はなんとしても避けなければならなかった。

日銀は安倍政権が始まる前の2010年からETF（上場投資信託＝日経平均株価や東証株価指数に連動する投資信託）の購入という驚くような緩和策を始めていた。ただし、当初は恐る恐るであった。それが、安倍政権成立後の2013年4月に黒田東彦総裁が就任し、「異次元緩和」がスタートしたことで、ETF購入額がいきなり年間1兆円に増えた。その後も増え続け、2020年は7兆円を超えた。日銀保有のETFは2022年3月末時点で51・3兆円。世界最大級の機関投資家であるGPIF（年金積立金管理運用独立行政法人）の日本株式保有額の49・5兆円を超えた。そもそも中央銀行が株価維持のために株を買うなど世界の常識では考えられない。米連邦準備制度では法律で株式の保有が禁止されているほどだ。しかし、安倍政権時代は、世界の非常識は日本の常識とでも言わんばかりのデタラメが大手を振って行われた。時の首相がそれを強く望んでいるのだから、ある意味、黒田総裁は免罪符を得たような気持ちだったのだろうか。

国債を買うのと株を買うのでは、確かにリスクは違う。いまのところ含み益もあるようだから大騒ぎすることではないのではとの考えもある。だが実は、国債とETFではリスク以外にも大きな違いがあるのである。国債は放っておけば、満期が来る。その時点で償還されるから自動的に残高は減っていき、新規購入を止めるだけでいつかは残高ゼロになる。しかし、ETFは、新規購入を止めても残高は残る。どこかで売らなければならない。

ところが現状では、日銀が売れば株は暴落する。だから売れない。出口がないのだ。事態の深刻さは日銀もわかっていたが、2020年の7兆円越えまで爆買いは続いた。それが2021年には一転して1兆円割れ、2022年はさらに減少した。その間に何があったかというと、2020年9月の安倍首相退陣である。つまり、日銀のETF爆買いは安倍氏のためだったことがはっきりわかる。そして、その出口が見つからなくなったというのが現状である。

安倍政権は、これとは別に年金基金の運用をするGPIFにおける国内株式の運用比率を11%プラスマイナス6%で最大17%だったものを段階的に引き上げ、2020年4月には25%プラスマイナス8%で最大33%とした。これもまた株価の買い支えのためだ。日本の株式市場は日銀とGPIFに支えられる官製市場となってしまったのだ。

株式市場に政府・日銀がここまで介入すると非常にまずいことが起きる。ETFを爆買いすると、業績の悪い企業の株価も押し上げる効果があり、結果的に非効率企業を支援する効果が生じるデメリットがある。しかし、そんなことにはアベノミクス推進者は頓着しない。株価さえ上がればいいと考えていたからだ。これもまた、アベノミクスが、本当の意味で日本経済を再生しようという意図を持っていなかったことを示す一つの証拠になる。

ちなみに、日銀がETFを買ってこれを保有すると、運用管理費用(信託報酬)を運用会社(証券会社)に支払うことになる。これが仮に0・1%であっても、残高が51兆円なら、毎年510億円だ。この規模なら、日銀から天下りを複数受け入れても十分ペイする金額だ。そういう裏事情があると考えると、日銀がETFを売るインセンティブはあまりない。出口がないことはむしろ日銀のOB人事政策から見ると好都合なのかもしれない。

成長戦略は「見せかけだけで十分だった」という驚きの証言

ここまで述べてきたとおり、アベノミクスの成長戦略は空っぽだった。

映画『妖怪の孫』で証言したジャーナリストの野上忠興氏によれば、安倍氏は、アベノミクス第3の矢、成長戦略について、「見せかけで十分だ」と言っていたという。マクロ的に見れば、失業率が下がったという数字を見て満足するマクロ経済学者のアドバイスを鵜呑みにする安倍氏は、結局最後までまじめに成長戦略を考えることはなかった。専門家から厳しい批判が出ても意に介さず、一般庶民を騙しさえすればいいと高をくくっていたのである。

アベノミクスは産業界を甘やかすだけの政策だったということがおわかりいただけたと思う。「アメ」をふんだんに与える一方、「ムチ」にあたる構造改革を迫る政策をまったくやらなかったことで、大企業はいわばモルヒネ中毒のような症状に陥った。中毒はどんどん悪化して、バラマキも異次元の金融緩和も一時的なものだったはずなのに、経済の停滞はいつまで経っても改善せず、モルヒネ注射は止めるにやめられない状況に陥っている。これを永遠に続けるわけにはいかない。問題はいつどのように止めるかだ。

しかし、アベノミクス信奉者はこんな状況でもなお、「世界的なインフレに比べると日本の物価高はまだマシだ」などと擁護する声もある。確かに10％前後まで上がった欧米に比べるとインフレ率の水準そのものは低い。しかし、その理由は、政府の政策がいいからでは決してない。ただ単に、国民が貧乏すぎて値上げできないのである。

これまで日銀はインフレにならないから金利を上げないと言っていたが、実態はそうではなく、仮にインフレが定着しても、日本経済に力がなく、日本人が貧乏すぎるから利上げできないという悲しい状態になってしまったのだ。そして、日銀自身、貧乏日本は値上げを続ける実力がないから、インフレは、2023年後半には収まると見ている。

どこまでも続く「円安アリ地獄」

1年の短命政権で終わった菅義偉前首相の後を継いだ岸田文雄首相には何も定見はないようだ。漫然とアベノミクスを続けている。2023年4月の統一地方選と衆参補欠選挙直前の3月17日には、財源の当てもなく子育て支援などで椀飯振舞をすることを発表。国民は馬鹿だから、騙されると考えているのか。安倍氏の考え方と瓜二つだ。

日本は人口が減り続け、国内需要も減少していく。明日の経済を担う新しい企業や産業の芽も見えない。そんなジリ貧経済の通貨を買う人はいない。つまり、今日(こんにち)円安になっているということだけでなく、長期的に見ても円安に向かうというのが基本シナリオだ。そして短期的にも円安というモルヒネを止めることはできない。そうなると、円安物価高で消費者はさらに打撃を受け、国内景気は回復しない。だから、ますます円安政策はやめられない……。この悪循環を私は「円安アリ地獄」と名付けた。

アベノミクスを支持する人たちは「インフレになるまではいくらでも財政出動することができる」と主張してきた。インフレになったら引き締め政策に転換すればいいというのだ。では、ここまでインフレ率が高くなったとして、今、引き締め＝金利引き上げができるのか？　答えは、厳しい。そんなことをすれば、前述の通り住宅ローン金利が跳ね上がり、ローン破産が横行する。ゾンビ企業も利払いが増えて倒産する。そして、何より、莫大な国債を発行している政府も利払い費増大で財政が立ち行かなくなる。にっちもさっちもいかないとはこのことだ。

ついに限界が近づいたということを示す例はあちこちに見られる。

「財政ファイナンス」という言葉を聞いたことがあるだろうか。財政赤字を賄うために、政府が発行する国債を日銀が通貨を増発して直接買い取ることだ。これを認めれば、政府は無限に国債を発行できる。誰も買わなくなっても日銀が買ってくれるからだ。当然、財政規律は失われ、その結果ハイパーインフレになるリスクがある。だから、財政法第5条により原則として禁止とされている。もちろん、日銀はそんなことはしていない。政府が発行する国債は銀行などが引き受けるのだ。その後、銀行が国債を売ろうとした場合、買い手がつかないと国債価格が下がる。国債価格が下がるということは、その国債を買う人から見れば、その分得するわけだから、実質的に利回りは上がることになる。国債が下がれば金利が上がるというのはそういうことだ。

国債を買う人がいなくなり、日銀がやった〝禁じ手〟とは？

日銀は、10年物の国債を長期金利の指標としている。その金利があまり上がらないようにコントロールしてきた。そのためには、10年物国債の価格が下がらないようにしなければならない。もし、市場で買う人が少なければ、国債の価格が下がり金利が上がってしまう。そうならないように、日銀が買い支える必要がある。しかし、だからと言って、政府が10年物国債を発行するときに、直接、日銀がそれを買って価格を買い支えると、日銀による直接引き受け＝財政ファイナンスになるからこれは法律上できない。そこで、とりあえず銀行などに買ってもらって、後日、日銀が、銀行が損をしないように高値で買う（金利は下がる）というオペレーションを行ってきた。これが正常時のやり方である。

しかし、もはや国債を買ってくれる人を十分に確保できなくなってきた。そこで、日銀は、国債が発行される当日に、国債を買った人からすぐに日銀が買い取りますよと事前に予告したうえで、入札で国債を引き受けるというオペレーションを始めたのだ。これなら政府→銀行等→日銀という経路で国債が動くので、形式的には直接の買い付（財政ファイナンス）にはならない。しかし、事前に日銀が買うと予告しているのだから、実質的には財政ファイナンスだと言われても仕方ないだろう。もはやここまでしないと国債の価格を維持することができないのだ。つまり、これまでのような低金利のまま国債発行を続けることは困難な状況なのである。

さらに新発債だけではなく、既に市中に出回っている国債も日銀が買い支えないと金利が上がってしまう状況になってきた。10年物の新発国債をほとんど日銀が保有しているだけでなく、2022年9月末には国債全体の過半を保有するという異常な事態に至ってしまった。今後もこんなやり方を続けることは難しいと見る向きが増えているのだが、それでもアベノミクス信奉者たちは、まだまだ大丈夫と言い張っている。

ちなみに、安倍元首相は2022年5月に「1000兆円ある（日本の）借金のうち半分は日本銀行が買って回っています。日本銀行というのは政府の子会社ですから、（返済を）返さないで借り換えていく、何回だって借り換えたって構わない」と発言している。

安倍元首相はとんでもない思い込みをしているのかもしれない。実は、インフレ目標2%の安定的達成が近づいてきたことで、その後は日銀が国債を買わなくなるという事態を想定したのではないかという見方もできる。そんなことになれば、岸田首相が言い出した防衛費の増額は大幅増税をしない限りできなくなる。そこで、「日銀子会社論」を展開して、とにかく国債を増発しようというキャンペーンを始めたのではないだろうか。

もちろん、鈴木俊一財務相はこれを真っ向から否定し、松野博一官房長官は直接のコメントを避けた。そして深刻なことに、安倍氏亡き後も、自民党内で防衛費を国債で賄えという保守派議員だけでなく、打ち出の小槌を見つけたと考える族議員たちも加わって、「日銀子会社論」が声高に主張され続けている。これもまた、〝妖怪の孫〟に支配された日本の一断面といえるのではないか。

日銀新総裁を拒否したプロパー雨宮氏と引き受けた植田氏

黒田東彦日銀総裁は頑なにこれまでの緩和路線を継続すると言い続けてきたが、実際には2022年12月20日に従来0・25%程度としてきた長期金利の変動許容幅を0・5%に拡大した。これは、実質的には0・25%から0・5%への引き上げということだ。現状は、さらにこれを引き上げざるを得ないところに追い込まれているが、これまで述べてきたとおり、どうやって金利引き上げをしたらいいのかわからない状態にある。日本経済はボロボロなので、利上げがそれにとどめを刺すことになる可能性があるからだ。しかし、このまま無制限に国債買いを続けても金利引き上げ圧力は高まる一方で、そのマグマが溜まり過ぎると、ますます出口を見出すことが困難になる。

つまり、黒田氏が総裁であるかどうかに関係なく、ほとんど答がない状況に陥っているということだ。そんな折、新日銀総裁に植田和男氏が4月9日に就任。直前まで本命視された日銀マンで副総裁だった雨宮正佳氏は就任を固辞したと伝えられる。

それが事実なら、雨宮氏は、現在の日銀の苦境を誰よりもよくわかっていたから辞退したのではないか。しかも、本人は副総裁として、ここまでの日銀の政策に責任を負っている。そんな人間が、明確な出口戦略を持てないまま、この重職を受けるのは無責任だと考えたのではないか。日銀マンなら総裁になるのは最高の栄誉だ。実力的にも問題ない。普通なら総裁就任を受諾するものだ。それを断ったというのがどういう意味を持つのか。

植田氏は、日銀の今の政策に疑問を呈したこともあるが、就任前であるにもかかわらず、報道が出ると、いまの日銀の政策を擁護する姿勢を非常に明確に語った。これもまた、少しでも変えるかもしれないという印象を与えると、市場に大ショックを与えることを心配して、異例のフライング発言に及んだのではないだろうか。こちらも、現状を変えることがいかに困難かをよく物語っているということだ。

こうしてみると、日本の金融関係者のほとんどすべてが、日銀の出口戦略についてなんら有効な策を見出せていないということがわかる。つまり、誰が総裁になろうとも出口を見出すことはできないだろうということだ。

では、このまま出口が見えなければどうなるのか。最後は、すべての国債を日銀が保有する事態に陥り、日銀のみならず、日本経済への信認は完全に失墜する。円は投げ売りになり、ハイパーインフレがやって来るという恐ろしいシナリオも見えてくる。それを避けるためには、利上げに耐える強い経済を作るしかないのだが、それには10年単位の時間がかかる。安倍政権の失われた10年、悔やんでも悔やみきれない。

円安下の観光立国が教える安売り日本の危機

アベノミクスでボロボロになった日本経済には、成長の芽はほとんど見えないと書いた。しかし、唯一希望が見える分野がある。それが観光だ。

岸田文雄首相は２０２２年10月に首相官邸で観光立国推進閣僚会議を開催し、「観光立国に向けて官民一丸となって観光路線を強力に進めていってほしい」と発言した。だが、いまのところさして目新しい策は出てきていない。何よりも問題なのは、この岸田観光立国構想を支えているのが、実際には円安だということだ。円相場は一時は1ドル１５０円まで円が下がり、世界から見た日本の「安さ」が際立った。先日、米国から日本を訪れたある知人と街を歩いていると、ウィンドウに並ぶ商品の価格を見て、「10ドル?」「20ドル?」といちいちドル換算した価格を呟く。あらゆる価格が驚くほど安いので、思わず声に出してしまうのだ。岸田首相は「円安メリットを活かす」などと言っているが、果たしてそんな悠長な状況なのだろうか。

岸田政権が期待する外国人観光客の爆買いは、確かに日本経済にプラスの効果をもたらすだろう。円安で外国人から見るとなんでも安い。だが、おカネは観光だけに使うものではない。日本の不動産も超お買い得ということになる。5億円のタワーマンション最上階の部屋でも、以前の3億円程度の感覚なので「買わなきゃ損」とばかりに即決する海外投資家が増えているそうだ。日本の庶民の購買力が衰える分、海外の買い手が増えて不動産市況を下支えしてくれている。

一方、なんでも安いということは日本の企業を買うにもチャンスということにもなるはずだが、海外投資家が日本企業を爆買いするというシーンは見られない。その理由について２０２２年10月10日のフィナンシャル・タイムズの記事は、あらゆる意味で「問題山積なのに、これまで日本は変われなかったし、これからも変われない」と海外投資家が見ているからだと報じた。確かに岸田首相を見ている限り、日本が変われるとは思えない。年金基金や保険会社などの大手機関投資家も企業に変革を迫らず、改革を迫る日本のファンドも現れない。先を見通しても日本が変われると思わせるものがどこにもない、という状況だ。

海外ではインフレ抑制のための中央銀行の政策変更で金利が急速に上昇し、景気も後退すると予想されている。日本企業は借金が少なく内部留保も大きいので、こうした状況下では海外企業に比べて優位に立てるはずだ。いまこそ、その利点を生かして先んじて次の時代への投資を行うチャンスなのに、いまもなお、日本の企業は景気後退に備えて穴倉に閉じこもっているかのように見える。いくら円安で割安になっても、わざわざそんな企業を買収しようなどという投資家は世界にはいないということなのだ。こうした海外から見た日本の評価が定着すれば、本物の「日本売り」が始まる可能性がある。

マクロ的には日本の貿易収支の赤字基調が定着し、さらに経常収支の赤字も恒常化する可能性が高い。少子高齢化は進み、企業の競争力の低下も続くとなれば「日本売り」は正しい判断だということになるだろう。

今は金利差が引き起こした円安だが、1～2年後に海外の中央銀行が金利を引き下げたとしても、本物の日本売りが始まっていれば円高に戻ることはない。さらに、日本売りは株価下落を招き、国債暴落にもつながりかねない。

そうした最悪のシナリオはもう目前まで迫ってきているのである。

日本に残る人に「AK－47を買え」と勧めたジム・ロジャーズ氏

一方、2023年に入って物騒な事件が多発していることが話題になった。特殊詐欺を働いたグループが行ったとみられる極めて野蛮な強盗殺傷事件だ。フィリピンから指示を出していたことなどで関心を集め、連日テレビや新聞を賑わした。私が注目したのは、強盗のやり方の残忍さと実行役がどこにでもいそうな若者たちということの落差だった。いまやある程度財産がありそうな家庭なら、いつ襲われてもおかしくない。実際、セキュリティ会社への問い合わせが激増し、防犯カメラなどの売り上げも増大したそうだ。

賃金が上がらず、物価が上がり、生活苦に陥った若者がＳＮＳなどで簡単な闇バイトに引きつけられる。これはある意味、日本の没落を象徴する事件なのではないか。経済が疲弊し、貧困層が拡大すれば、治安が悪化するのは古今東西どこにも見られる現象だ。そう考えると、日本の最大の売り物である「安全」ももはやあてにならない時代に入ったのかもしれない。こうした事件は徐々に増えると考えた方が良さそうだ。

そこで思い出したことがある。投資家ジム・ロジャーズ氏が、10歳の日本人の選択肢として、日本を出ることと並んで、出ないのであれば、自動小銃ＡＫ－47を買うことを示していたことだ。

国が破綻に向かう時は、国民の間に、不満、怒り、社会不安が募る。殺人を含め、さまざまな犯罪が増えるから、護身用の銃が必要になる。ジムは、それを「30年後」の未来予測として披露していた。しかし、事態ははるかに早く進んでいるようだ。

実は、２０２１年に私はこの感覚を覚えていた。当時立て続けに電車の中や駅周辺での無差別テロが起きたのを覚えているだろうか。犯行動機は不明なことが多いが、社会に貧困がはびこり、かなりの数の人々が自らの居場所を失って日々生きることも困難になっているのは確かだ。とりわけ深刻なのは、そうした事態が今後、改善するようには見えないことだ。そうなれば、未来への希望を失い、社会への不満、絶望、恨み、憤りを抑え切れずに殺傷事件に及ぶ人間が増えてもおかしくない。日本は、そうした事態に至るある臨界点を超えつつあるのかもしれない。

本来は、困難に陥っている人々に温かい支援の手を差し伸べるのが最優先課題のはずである。しかし、いまの日本の政治ではその優先順位が非常に低いから、今後ますますこうした事件が増えても不思議ではない。一連の強盗事件は決して擁護することはできない悪質な犯罪ではあるが、背景にある社会の変化に光を当てる必要もあるのではないか。

さらにもう一つ、大事なことがある。ジム・ロジャース氏が、10歳の日本人にＡＫ－47を買うことを勧めるわけとして、護身の他にもう一つ理由を挙げていたことだ。それは、「革命を率いるため」である。自分たちを守ってくれない社会を変えるためには革命しかないと考える若者は、「銃を持って立ち上がれ」という意味になる。

しかし現在の日本では、社会や政治に不満は持っていても、それを自らの力で変えようとする人は少ないことが選挙のたびに明らかになる。銃を手にするどころか、投票用紙に候補者の名前を書く鉛筆を持つことさえしない人が多いのだ。

多くの人が選挙で政治を変えようと立ち上がるには、まだまだ日本の没落ぶりは不足しているのだろうか。だとすれば、日本の没落を加速させるべきなのか。もちろん、それは悲惨な選択肢だから避けるべきだ。しかし、そうした考えが頭に浮かぶほど、日本の危機は深刻なのである。

第4章

凋落の原因は経産省と安倍政権にある

4–1

日本の産業政策の大失敗を生んだ経産省

かつて世界に恐れられた通商産業省

安倍政権は「経産省内閣」と揶揄されるほど経済産業省の存在感が目立つ政権だった。その根幹を担っていたのが政務担当の総理秘書官を務めていた今井尚哉氏だ。今井氏は経産省で私の2期後輩にあたる。第一次安倍政権で秘書官を務め、安倍氏とは退陣後も深い付き合いを続け、第二次政権でも筆頭秘書官として辣腕を振るった。時に閣僚以上の影響力を発揮し、権力者を陰で操る「官邸のラスプーチン」という異名をとるほどだった。

経産省には伝統的に、「日本株式会社の社長は俺たちだ」「民間企業がだらしないから俺たちがやる」と考えるDNAがある。今井氏は、その権化のような官僚だった。

私が通産省に入省した1980年は経産省の前身、通商産業省の絶頂期だった。日本の産業の競争力が世界トップになったと認められ、あの経済大国のアメリカが「ノートリアスMITI（悪名高い通商産業省）」と呼んだ。

日本企業の躍進の裏には通産省の暗躍があるという陰謀論が広まった。通産省を叩けば日本の産業の勢いを止められると本気で信じる米政府高官も多く、交渉では彼らの思い込みにこちらも手を焼いたものだ。一方、欧米から叩かれるほど、「俺たちは凄いんだ」と通産官僚は胸を張るようになっていった。

私は、この傲慢なDNAが平成の経済停滞を生む元凶の一つになったと考えている。第3章で解説したとおり、経産省が繰り出す「護送船団日の丸」産業政策は30年以上にわたって失敗を重ね、半導体、再生可能エネルギーなどの基幹産業を衰退させた。通産省から経産省と名称が変わってもその本質は変わらず、80年代の輝きも凄みも失ったままだ。

だが、日本経済転落の「A級戦犯」の烙印を押され、二流官庁に脱落しつつあった没落官庁を安倍晋三首相は政権の支柱とし、誰も想像できなかった長期政権を実現したのだ。こんな無謀とも思えるキャスティングが奏功したのはなぜなのだろうか。

「A級戦犯」経産省は失業寸前で存在感は霞む一方だった

一般の人は、経産省がA級戦犯と聞いてもピンとこないかもしれない。そもそも経産省が何をしている役所なのかがよくわからない。他の省庁には明確な役割があり、それを淡々とこなすだけで国民から見れば存在意義がある。例えば財務省は国民から税金を集め、予算を作って執行するという国家の根幹を担う。外務省なら外交の一言で済む。国交省は道路や橋など国のインフラを作り、交通網などを整備しまた規制する。厚労省は医療介護年金など国民生活に必須の制度や労働者の権利保護政策を行う。文科省は教育全般を担い、防衛省は国防を担う。

どれも、なくしたらどうかなどという議論とは無縁だ。ところが、経産省にはそれほど大きな「役割」がない。戦後から高度成長期には、通産省はまだ独り立ちできない日本の企業を助ける重要な役割を担っていた。しかし、企業が世界のトップレベルにまで成長すると、経産省の助けは不要となり、その存在意義はほとんどなくなる。

１９８０年代から２０００年代初めまでは、貿易摩擦などで出番があったが、日本企業が没落すると摩擦も起きない。比較的重要な役割を果たしているのは、エネルギー政策くらいだ。ただ、これも最近の再エネ政策の失敗で、環境省に移管した方がいいという声もある。経産省の役割は、どこか他の役所に移せば済むような気がする。経産省廃止と言っても国民は反対しないだろう。「失業官庁」への転落寸前。だから「経産省不要論」が頻繁に出てくる。そのため、経産省は、常に存在感を示し続けなければならなかった。

次々繰り出す〝瞬間芸〟も終わってみれば成果なしの税金無駄遣い

そんな経産省発の最近の政策の中から有名なものをいくつか挙げてみよう。まず頭に浮かぶのが、2013年に設立された官民ファンド「クールジャパン推進機構」だ。「日本のアニメなどの文化を海外に発信する」とぶち上げ、国が1000億円以上の出資をして注目を浴びたが、経産省主導だったために56件の投資のほとんどが失敗。300億円超の累積赤字を抱える込んだまま。完全な失敗だ。

2017年に始まった「毎月最終金曜日は早めに仕事を切り上げて飲みにいこう」というう「プレミアムフライデー」キャンペーンも当初はバカ受けした。当時の世耕弘成経産相はテレビ露出が増えたとしてことのほかご満悦。さらに、「おもてなし」も彼らにかかると看板政策になる。「おもてなし規格認証」、「おもてなし認定資格」なる制度を作って話題になった。しかし、いずれも、〝瞬間芸〟の域を出ない。どちらも完全に忘れ去られる運命だ。こんな仕事のために税金を払わされていると考えると、憤りを感じるだろう。

中身のない政策がどのように作られるのか。これが、なかなか面白い。常に存在感を示すための方策を探し続けなければならない経産省は、毎年必ず、「まったく新しい」プロジェクトをぶち上げて予算獲得の口実にしてきた。ルーティンワークで存在を認められる他の役所と違って、既存の政策を着実に推進しても評価されない。省内では常に「新しい政策（「新政策」）を出せ」というプレッシャーがかかっている。毎年、年明けには大臣官房から指示（ツケ）が出て、すべての課がそのツケに従って「新政策」を提案する。しかし、毎年新しい政策なんて本当は出るはずもない。だから、各課が打ち出す政策は、「中身がない」「やっても効果がない」「意味がない」政策ばかりになる。

その中から、半年の議論を経て生き残ったものが目玉政策となり、中でも大臣官房の覚えめでたいプロジェクトが「1丁目1番地」と称され、8月に出される翌年度の予算要求で特別に優遇される。秋以降は、財務省と折衝しながら、審議会を動かして「第三者」のお墨付きをもらい、年末に翌年度4月からの予算が決まる。年が明けると、そのための法律を国会に提出し、予算執行の準備をして4月からプロジェクトが動き出すのだが、実は、翌々年度の「新政策」の議論は年明けにはスタートしている。翌年度のプロジェクトがまだ動き出してもいないのに、である。すると、何が起きるか。

1～2年で人事異動がある官僚たちは、担当した新政策がどうなったかを見届けることなく別の部署で新政策を考えることになる。数年経ってプロジェクトが本格化した時には、熱心にその事業を推進していた担当者はいない。結局5年も経てばプロジェクトは雲散霧消だ。それに付き合った自治体や企業から見ればとんでもない大迷惑である。

こんな具合だから、いかに国民のためになる政策を出したかなど誰も関心がない。「大臣がどれだけメディアに出たか」とか「新聞にどれだけ大きな見出しをつけさせたか」そして「予算の桁数がいくつか」といったその場限りの受けを狙う「派手さ」が評価され、「でっちあげ能力」に長けた人が出世していく。それが経産省という役所なのだ。

一方で、そんな競争環境で育った経産官僚は、役人くささがなく、面白い資料を作ったり、飽きさせないプレゼンをする能力が磨かれていく。だから、経産省の役人と話した政治家は、「彼は枠にはまらないところがいい」「あいつは面白いことを言う」「役人っぽくないねえ」などと相好を崩すことになるのだ。そこにはいま世界中で行われているEBPM（Evidence Based Policy Making＝論拠に基づいた政策立案）という発想のかけらもない。とにかく目立つことをやって予算がつけばそれでいい、という文化なのだ。

成長戦略は〝やってる感〟がすべてという安倍政権と経産省のシンクロ

この本が原案となったドキュメンタリー映画『妖怪の孫』で安倍家を長く取材してきた

ジャーナリストの野上忠興氏が興味深い証言をしている。安倍氏は学生時代に勉強をほとんどしなかったが、要領だけで試験を乗り越えるタイプだったという。成長戦略についても、「見せかけ……」と語っていたそうだ。「バイ・マイ・アベノミクス」というセールス・トークも口から出まかせだった。「バカにするな！」と言いたくなるだろう。

この話を聞けば、安倍氏が経産省を重用した理由がわかってくるはずだ。中身のある政策などまったく作る能力のない失業官庁の経産省の実態を知れば、「そんな役所、まったく使い物にならない」と思うのが普通だ。しかし、経産省の体質が安倍政権には、ピッタリとハマった。「中身はないけども何か凄いことをやっているかのような政策」というのは安倍氏が最も欲するものだったからだ。

安倍氏には経済政策におけるこだわりはほとんどなかった。大事なのは株価を上げて、選挙に勝つことだった。軍拡を進めて戦争ができる体制を作る。軍事力を背景に米国を筆頭とする西側列強の一員となり、憲法改正を実現するという目的のためには、とにかく長期政権が必要だ。その前提として、高い支持率の維持が至上命題だった。

しかし、一般の霞が関官僚に「中身はなくてもいいからカネをかけずに支持率を上げるための政策を考えろ」と言っても無理である。だが、光り輝く役所が一つだけあった。普段から意味のない小さなことを膨らませ、メディア受けする政策に仕立てあげる。まさに経産官僚の面目躍如となる世界である。そして、スローガンだけが「一億総活躍」「女性活躍」「働き方改革」などと仰々しく、あたかも凄いことに取り組んでいるかのような印象を与える政策が次々と打ち出された。多くは経産官僚が電通などの広告会社やPRコンサルタント会社などの知恵を借りながら作ったものだ。安倍政権はこうした「見た目は派手だが中身がない」、いかにも経産省的政策を内閣の目玉に据えたわけだ。

こうして安倍政権の「やってる感」を植え付けられた国民は、8年9カ月の長期間経過した後に冷静に振り返ると、「全部嘘だった」「ずっとだまされていた」という「裏切られた感」に包まれることになる。給料は上がらず、生活は苦しくなっただけ。女性活躍や子育て支援も一過性のバラマキに終わった。唯一働き方改革では、コロナのおかげでリモートワークが広がったが、これは安倍氏の功績でも何でもない。

経産省、電通、安倍氏の3チャラトリオが行政を食い物にする

前段で経産省と電通の話を書いたが、これがプレミアムフライデーのようなどうでもいい政策に止まっていれば、その罪は小さかった。しかし、2020年に始まった新型コロ

ナウィルスのパンデミックという国民の命と生活を守るという極めて重要な行政課題について も彼らが先頭に立って対応しようとしたため、とんでもないことが起きてしまった。

コロナ禍で多くの中小企業が苦境に陥り、倒産寸前というところが急増した。政府は、これらの企業に支援金を直接給付する持続化給付金という制度を作った。ところが、とにかく手続きに時間がかかる。申請から1カ月何の音沙汰(おとさた)もなく、長期間待たされた挙げ句、突然書類に不備ありと言われそこからまた手続きのやり直しなどという例が相次いだ。

ネット通販や宅配便の注文なら自分のオーダーがどういう段階にあるかをネットで把握可能だが、政府のシステムでは不可能だった。電話の窓口もつながらず、つながったとしてもその窓口ではほとんど対応できないという状態に利用者の不満は頂点に達した。

なぜこんなことになったか。原因は給付事業をなぜかイベント屋の電通に丸投げしたことにあった。電通は、実体のないもの、あるいは劣るものを派手に大きく、立派に見せることが得意なイベント屋、お祭り屋だ。早く弱者にお金を届けるという地味だが堅実さが最も重視される仕事の対極にある。しかも電通は2015年に起きた高橋まつりさんの過労自殺だけでなく、全国各地で違法残業の是正勧告を受ける札付きブラック企業だった。

こんな企業に委託したら国民の批判を受けるから、経産省は批判をかわすためにわざわざ電通系のトンネル会社を作ってそこに落札させた。その事務の委託のために何と769億円もの税金が投入された。そこから電通に事業を丸投げ委託したのだが、電通自身も事務能力はないので、電通や経産省に近い、ファミリー・お友だち企業に再委託、再々委託、再々再委託したのだ。その結果、仕事の分担や責任の所在がまったくわからなくなり、どこで誰が何をしているかを経産省さえわからない混迷状態に陥った。電通と経産省という見掛け倒しの実力ぶりを見事に露呈したというしかない。

海外では、政府や自治体がグーグル、マイクロソフト、セールスフォースなどの先進的なＩＴ企業の協力を得て、感染者の追跡システムや給付を迅速に行えるシステムをあっという間に立ち上げるなど行政のイノベーションを次々に起こしていた。一方、日本の給付金事業の入札では、競合した外資系コンサル会社デロイトトーマツの方が評価が高く価格も安かったのに、なぜか電通系の団体が落札した。経産省と電通の癒着が露呈した事件だ。

その疑念がさらに深まる漫画のような事件も起きた。給付金事業の責任者、前田泰宏中小企業庁長官（当時）が前述した中抜き丸投げトンネル団体の理事で元電通社員の平川健司氏と昔から親交があったことがバレた。前田氏は、米ロサンゼルスで行われたイベントに出張した際、「前田ハウス」と銘打って借り上げられた住宅で、企業関係者らとパーティーを開いており、そこに平川氏も参加していたこともわかった。国民に、「どうか私を疑ってください」と言っているような行為だ。

そもそも前田氏は、持続化給付金の事務を電通に委託して大失敗した「重罪」人だった。それに加えて、国家公務員法第82条3項にある「国民全体の奉仕者たるにふさわしくない非行」行為を行ったのだから免職にしてもよかった。しかし、経産省は彼を守った。彼は、「チャラ男」として有名だったが、それでも出世したのは、経産省がチャラ男なしには生きていけない役所だったからだ。ちなみに、安倍政権の官邸官僚として活躍した今井秘書官ややはり経産省出身の当時の西村康稔（にしむらやすとし）経済再生相（現経産相）も「チャラ男」と言ってもいいかもしれない。

「チャラ男」とは、中身のない派手な政策を盛り上げるお祭り男と言い換えればよいだろうか。そういう意味では、「チャラ男」は経産省の屋台骨である。だから「チャラ男」は出世する。そして、チャラ男を支えるのが同じお祭り屋の電通という関係だ。企画段階から経産省のチャラ男に新事業を仕込み、その事業を請け負う。経産省はその方が面倒でないし恩も売れるから電通を重用する。

よく考えると、安倍氏と経産省の関係は、チャラ男と電通の関係と相似形だ。やってる感で国民を欺くパフォーマンス内閣は、人目を引くアイデアのでっちあげ能力に長けた経産省に支えられ、経産省は、電通が経産省を利用したように安倍政権を利用していたのだ。

安倍政権を間接的に選んだ国民は、電通、経産省、安倍政権という3チャラトリオに国を委ねるということになった。その結果がコロナ対策の機能不全。悲劇というしかない。

先進国になっても科学的議論ができない日本の凋落

１９８０年代の「ジャパン・アズ・ナンバーワン」の時代から90年代のバブル崩壊以降の日本の凋落は驚くほどのスピードだった。

しかし、それに気づいたのは２０００年代後半ごろになってから。その後の対応も鈍かった。そこにはさまざまな事情があったが、私が一つ非常に気にしていることがある。それは、日本の政治行政特有の「非科学性」、とりわけ、「学者嫌い」だ。

日本人は科学的な議論が苦手ではないかと感じることが多い。「ＥＢＰＭ」（エビデンス・ベースト・ポリシー・メイキング＝証拠に基づく政策立案）という言葉は海外では常識になっているが日本で聞かれるようになったのは最近のことだ。

現在、我々が直面している難しい課題の解決には、単なる思いつきや過去の延長線上にある政策論だけではまったく不十分だ。他の先進国では専門家や有識者がさまざまなデータを出し合い、国会では政党間でもそうしたデータや学説に基づくちゃんとした議論が行われている。その結果、政府が出した方針が修正されることも頻繁に起きている。

一方、日本では、そうした客観的議論で政策が決まることはほとんどない。特に、自民党政府が党内の事前審査で了承を取り付けた法案を提出すれば、国会ではほぼそのまま成立するのが慣習だ。自民党内では、同党の支持層の利益が優先され、科学的議論など行われる余地がない。ＥＢＰＭなど実現される可能性はまったくないと言ってもいい。

なかでも、自民党の保守派には、科学者の意見を尊重するどころか、毛嫌いする傾向がある。理路整然と説明されても、「私はそういう立場は取らない」という一言で一蹴するのは日常茶飯事だ。映画『妖怪の孫』でも、典型的な例が紹介された。憲法学者の小林節慶応大学名誉教授が、憲法調査特別委員会に参考人として呼ばれた際、憲法とは国家権力者を拘束するものだと発言したところ、高市早苗元総務相が、委員席から「私はその立場を取りません」と叫ぶという野蛮な行為に出たという。世界の憲法常識を無視する暴論だが、参考人として呼んだ専門家に対してこんなに失礼な態度をとること自体が驚きだ。学者を馬鹿にしているとしか考えられない。こうした議論が自民党内では横行している。安倍氏自身も権力者を縛るという考え方は専制君主の時代の古い考え方に過ぎないというこれまたとんでもない暴論で世界の常識を切って捨てている。

自民党長老たちが学者を嫌う本当の理由は……

日本の政治や行政における議論が科学的でないという話をしたが、その原因の一つに自民党の政治家や官僚の「学者嫌い」がある。だが、それは単なる好き嫌いというだけの話ではない。政治に学者を介入させると彼らにとって不都合だという事情があるのだ。

自民党政治の本質は、支持層と癒着し利権誘導を行うことで選挙に勝って権力を維持するというものだ。利権政治にとって、科学的議論はとんでもない障害になりかねない。まともな学者ならおかしいと言うような政策が数えきれないほどあるからだ。論文や記事を投稿して指摘を行う学者もいるが、自民党の政治家や官僚たちは、彼らを「異端者」扱いし、政策を議論する場から排除する。一方、協力的な「御用学者」を登用するのだ。

マスコミなどに対して政治家や官僚は「異端者」たちの悪口を言う。「あの学者が言ってることはでたらめだ。とんでもない奴だよ」と。そして、最後に必ず口にするのが、「所詮学者の言うことだからな。現場のことは何もわかってない、机上の空論だよ」と馬鹿にするのである。学者そのものの存在意義を認めず、自己の利権を守ろうとするのだ。

一方、そもそも、日本の政治家、とりわけ長老と言われる人の多くは知的レベルが非常に低く、インテリに対するコンプレックスを持っていることが多い。したがって、自分たちに都合の悪いことを言われるということ以上に、知的な議論自体が嫌いだし、おべんちゃらを言わない学者のことを心底嫌う。前述の高市氏や安倍氏はその典型である。

そして、驚かれるかもしれないが、官僚にもそういう傾向を持った人が多いということを私自身経験してきた。省内の議論で新しい考え方に立って政策提案を行う時、往々にして、局長や次官などから、「そういう空理空論を振り回すんじゃない。もっと地に足の着いた議論をしろ。現場を歩け」などと言われたものだ。現場の声を聞けというのはいいアドバイスのように聞こえるが、彼らが聞いているのは癒着先の企業や団体の声でしかない。国民の声にまで耳を傾けることはないし、都合の悪い現場の声などもちろん聞くことは決してないのだ。学者嫌いの政治家と官僚による政治行政。日本の先行きはやはり暗い。

「イノベーションこそ新しい資本主義の柱」だと言っているが……

日本は「失われた30年」と言われるように、経済の停滞が長期に及んでいる。経済活性化にはイノベーションが欠かせない。これまでも「イノベーション」政策が繰り返し唱えられてきたが、その効果は一向に表れない。これまでの政策は失敗だったということだ。このまま同じことの繰り返しでは経済の凋落は続き、国際競争の土俵からも駆逐されてしまう。もちろん、その結果は国家経済の没落と国民の困窮である。

こうした状況に対して岸田政権はスタートアップに力を注ぐと言い始めた。これを新しい資本主義の柱の一つに据えるそうだ。しかし、なぜそれが新しい資本主義なのか。イノベーションは資本主義の原点だ。何が新しいのか意味不明である。しかも、「スタートアップ創出」策はベンチャー振興などさまざまな呼び名で30年前から繰り返されている。手垢にまみれた言葉で、しかも結果はいつも失敗だった。その政策を主に担ってきたのが経産省である。つまり、経産省にスタートアップを担当させてはいけないということになる。

そう考えたからということなのか、岸田政権は、2022年8月にスタートアップ担当相を置き、山際大志郎経済再生相に兼任させた。彼は後に統一教会とのズブズブの関係を指摘されてクビになり、元財務官僚の後藤茂之元厚労相がその後任となった。スタートアップ政策は経産省、文科省、総務省、内閣府など各省庁に予算や権限などが分散していたので、一元管理する司令塔機能を明確にするとの触れ込みであった。

内閣官房内においた事務局も「グローバル・スタートアップ・キャンパス構想推進室」とカタカナを並べて「新しい」という雰囲気を出そうとはしたが、後藤大臣が元財務官僚というだけで、そのイメージは台無しである。

そもそも、これまでの官民ファンドがスタートアップ創出に失敗してきたことへの反省も何もない。また担当相を支える事務局は縦割り排除と言いながら、関連する各省庁からの出向者中心の寄り合い所帯だ。さらに、その事務方トップの「内閣官房スタートアップ創出総括官」が経産官僚と聞いたところで、一気に関心も失せてしまった。言葉だけが上滑りして中身なし。安倍政権以来の「見せかけ」「やってる感」の継続である。

4–2 「教育、学問」がまったくわかっていなかった安倍政権

文科省の型にはめる教育行政では、スタートアップは育たない

日本でスタートアップ育成政策がうまくいかないのはなぜなのか?

私が最も大きな問題だと思うのは教育だ。教育を所管する文科省の事務方トップの事務次官には、教育の専門家ではなく法学部出身者がなるケースが多い。不思議に思うかもしれないが、文科省の仕事は教育を良くするというよりは、決まりを作って教育現場を支配し管理するというところにあると言えば、なるほどと納得するのではないか。

日本では、教育現場の自由は非常に限定されている。新しいことをするには、文科省にお伺いを立てなければならない。すべては政府の統制下に置かれるのだ。その典型が教育指導要領であり、教科書検定である。あくまでも枠からはみ出さない教育が原則になる。もちろん、政府の政策に反する内容は入らない。子供たちに政府の考えを押し付けるのだ。

そして、政策だけでなく、立ち居振る舞いにまで同調圧力がかかる文化が確立した。その典型がブラック校則だ。髪の長さや色、髪型、スカート丈指定、コート禁止、果ては下着の色まで学校が指示するという信じられないような専制体制が当たり前になっていた。ネットを通じた「見える化」が進んで、その異常さがクローズアップされ、面白おかしく取り上げられている。だが、こうした文化の浸透は決して笑い話では済まされない。

なぜなら、生徒の精神構造に深い影響を及ぼしているからだ。このような仕組みが、ここで議論している「イノベーション」という観点から見ると最悪だということは誰にもわかるだろう。人と違うことをやるのがイノベーションだが、それをやることが日本の文科省教育では許されていなかった。

型にはめる教育の「成果」が、ユニコーン企業（創業から10年以内で企業評価額が10億ドル以上、非上場のハイテク企業）の数が２０２２年9月時点で一桁しかないということだ。世界のユニコーン企業は１４０４社あり、アメリカ７０３社、中国２４３社と聞くと気が遠くなるような格差だ（東大ＩＰＣ調べ）。最新時点（２０２２年2月23日）で10数社程度まで増えたようだが、韓国の半分程度だ（The Crunchbase Unicorn Board）。

日本の教育行政の問題点を書き始めると本一冊でも足りないくらいなので、ここでは、さらにいくつかの論点に絞って紹介したい。

まず、教育よりも「管理」が大好きなはずの文科省だが、「マネジメント」という観点からみるととんでもない落第点をつけなければならない。

教員の待遇改善なしでイノベーションは無理

日本の教員には授業のみならず、クラス担任や部活の顧問、事務的な業務など過重な労働が課せられている。逆に言えば、教育そのもの以外の業務の効率的マネジメントによって教員の負担を減らせば、教育の質が向上するはずだ。海外の先進国では、例えば、しっかりとした管理部門を作り、専門知識を有するスタッフが事務的なことをすべて引き受けることで教師に本来の教育に専念させることが多い。日本の特に公立学校は、そういうところにお金をかけられないので、教員は雑用に追われる。

もう一つの大きな問題が部活動だ。

部活は基本的にボランティアで残業代が出ない。平日は放課後かなりの長時間、土日や休日には試合や大会などへ休み返上で引率など過酷な負担になっている。さまざまな事務作業に忙殺される教員の「熱意」だけに支えられる活動は、日本全体で「働き方改革」が進む中、異質な空間として取り残されてきた。部活が忙しくてうつ病になるケースなども多数報告され、限界に達していることは誰の目から見ても明らかだ。

そこで、最近では部活を地域に任せる動きも出ているが、仮に完全に学校教育から切り離した場合、その費用を誰が負担するのか、その負担の仕方によっては貧困層の子どもが参加できなくなるのではないかなど難しい問題は残る。

そもそも、少子化が進み、1校ではチーム編成ができないという地域も増えている。地域の実情に応じてさまざまな工夫をしなければ、存続は不可能だが、いずれの場合でも、国や自治体による経済的支援は不可避だ。

ここで見えてくるのは、カネを出さずに口を出すという文科省の体質だ。いろいろな決まりを作って従えと言うくせに、いろいろな改善、改革をしようとしても決してカネを出さない。こんなことでは、現場に新しい工夫、すなわちイノベーションを起こそうという雰囲気など生まれるはずはない。ただ服従と諦めの世界を広げてしまうだけなのだ。

本来、教育という仕事は、夢のある楽しいものであるはずだ。国の将来を担う人材を育てるのだから、国家にとっても最も重要な仕事だ。だからこそ、それほど経済的に恵まれるというわけでなくても、昔は優秀な若者が理想を抱いて教員を目指した。地域によっては、教員は高根の花と言われる狭き門だったこともある。

しかし、いまや学校という職場は、夢も希望もないブラック職場だというイメージが広がり、志望者はどんどん減少している。このままでは、教員の質が下がるのは必至だ。それは教育の質も下がるということだ。

そうなれば、日本のイノベーションを担う人材そのものが枯渇し、どんなに大金を投じてスタートアップ支援の政策を実施してもまったくの無駄金になってしまうだろう。本気でスタートアップ振興を目指すなら、いますぐ学校教育の予算を抜本的に拡大し、自由を拡大する大改革を実施するべきである。

ノーベル賞学者の声も「拝読」して無視するだけ

2023年の通常国会に、岸田政権は、日本学術会議の会員の選定方法に変更を加える法律改正案を出した。日本学術会議は日本学術会議法によって設置された「わが国の科学者の内外に対する代表機関」（同法第2条）であり、「独立」性を保障された自治組織である。その任務は主として政府の諮問に応えて勧告を出すことであるが、それ以外にも自主的に意見を出すこともある。

学術会議は戦前の学界が体制翼賛的なものとなって、政府が戦争という過ちを犯すことを止めるどころかそれに加担さえしてしまったことへの反省から、学者がその良心に基づいて政府から独立した立場で、あえて政府の考えと異なる意見でも自由に表明することで政府の過ちを正し、あるいはより良い政策につなげようという趣旨で作られたものだ。

したがって、政府と異なる意見を出すことに存在意義がある。だが、異論を許さない強権体質の安倍政権になると、学術会議への長年の自民党が持つ敵愾心（てきがいしん）に火がついた。

それが表面化したのが、菅義偉氏が政権に就いてすぐに発生した会員任命拒否事件だ。

この会議の会員は会議が推薦名簿を出し、それに基づいて内閣が任命することになっている。推薦、任命という2段階ではあるが、会議の独立性を重視して内閣は推薦どおりに任命するのが慣例だった。しかし、菅首相は理由は示さず、6名の候補の任命を拒否した。その6名が安保法制に反対の立場をとるなど「政府にたてついた」学者であったことから、政府に都合の悪い学者を見せしめ的に拒否したとして、世論の強い批判を浴びた。

この事件で直接介入をすると批判を浴びやすいということを学んだ自民党保守派は、学術会議が会員候補を選ぶ際に第三者を関与させる「選考諮問委員会」を設置するというからめ手を考え出した。会議側が強く反対しているため法案提出に時間がかかっているが、政府はなお直近の通常国会に提出する方針を維持している(2023年3月8日現在)。表向きは、候補の最終決定は学術会議自身が行うから独立性は保たれるという説明だが、もちろん学術会議の運営に政府が介入する糸口をつかもうという意図は明白だ。そうでなければ、会員選定は純粋に学術会議に任せておけばよいはずである。

政府がこうした行動に出る背景には、学術会議が軍事研究への科学者の参加について否定的な態度をとっていることがある。だが、戦争の過ちを繰り返さないために設置された学術会議が戦争目的の研究に反対してはならないというのは甚だしい論理矛盾である。

これは緊急事態だという危機感を持ったノーベル賞学者8名が声を揃えて政府案に懸念表明したのはある意味当然のことだった。しかし、それについて担当大臣の後藤茂之経済再生担当相はしっかり「拝読」したが、法改正は行うと述べた。「拝読して無視する」。非常にわかりやすい学問、学者軽視の姿勢だ。後藤大臣は東大卒の財務官僚出身だ。天下の財務官僚に意見するなど「もってのほか、思い上がるな」ということなのだろうか。

戦争の過ちを繰り返さないためにという先人の知恵と努力の結晶が、また一つ消え去ろうとしている。

経団連企業の〝ぬるま湯体質〟がイノベーションを阻害している

イノベーションを阻害しているもう一つの大きな原因は経済界にある。

経団連では昔から電力、鉄鋼、重工業など重厚長大型企業が君臨してきた。政府との癒着や官製談合カルテルが横行した時代に隆盛を誇った企業群だ。最近では、電気や自動車などの輸出型大企業の力も大きく、彼らのニーズが声高に唱えられ、それを御用聞きの経産省が受け取り、また政治献金などで世話になる自民党が利権の配分を行うという確固たる構造が出来上がっている。逆に言えば、それ以外の企業が革新的なイノベーションを起こして業界の秩序を変えるというようなことにはもちろん後ろ向きだ。自分たちに都合の悪いことはむしろ阻止しに動くことも多い。

最近、経団連は人材の流動化が必要だと声高に叫んでいる。しかし、実際に彼らの企業を見ると、同業他社からの幹部クラスの人材移動はほとんど行われていない。例えば、みずほ銀行で10年、20年も勤めればそれなりのレベルのバンカーに成長する人も多いだろう。海外であれば、幹部がさらにランクアップを狙うには、同業他社に転職するのが普通だ。しかし、日本では、みずほから三菱ＵＦＪ銀行に移って役員になるというキャリアパス（職歴の蓄積）を通る人はまずいない。日産社長がトヨタの社長になることもない。世代交代の必要から3段跳びで新社長が選ばれるケースがあっても、前社長が会長になり、新社長は会長の「おかげで」出世したので、前任の敷いた路線を否定することができない。社長が次の社長を選ぶからだ。何のための「三段跳び」なのか。

日本では個人ではなく「日立部長の○○さん」と認識される。個人は一企業に所属する部品に過ぎず、独立した人格ではないし、同業他社から人材が入ってくるという文化がない。日本全体がそういう構造になっている。会社が大きく変わる構造がない。イノベーションが一番起きにくい環境だ。

経団連企業がイノベーションを潰したという話は他にもある。それは、スタートアップに出資したり、あるいは協業したりしても、実際にはその技術を横取りするということが横行していた。酷い時は、新しい画期的な部品を開発した企業に大量発注するからと口約束だけして、巨額の工場新設投資をさせ、そこで発注を遅らせ、資金繰り難に陥ったところで救済と称してその技術を安値で買いたたくといったことまで行われた。私自身、悔しい思いをした中小企業経営者から愚痴を聞かされた経験もある。

最近では、さすがに自分たちの無能さに気づき、本気でスタートアップとの協業を目指す動きも出てきた。背に腹は代えられないということだ。しかし、これまでに潰してきたイノベーションの分を取り戻すには相当な時間がかかるだろう。

大企業を見放した北欧と岸田「リスキリング」の違い

業界内での転職が少ないという以前に、そもそも日本では転職自体がまだ少ない。かつての終身雇用制度は崩壊しつつあるとはいえ、依然として大企業の社員の一定数は定年まで同じ会社にいる。雇用の流動化を妨げているのは、日本には強い解雇規制があるからだとして、規制緩和すべきだという主張がよく聞かれる。しかし、この問題設定のやり方は企業側の都合に偏ったものだと言わざるを得ない。

解雇規制の緩和というのは経団連からの要望だ。社内にはデキの悪い社員もいるので年功序列で一生いてもらっても困るというのが本音だ。そうすれば人件費の無駄を削減でき、業績の改善につながると考えているのだろう。出来の悪い奴はクビだぞという脅しをかければ社員の尻を叩く効果も期待できる。

しかし、正面から解雇規制の緩和を主張すると社会の反発が大きい。そこで最近、政府が言い出したのが「リスキリング」（学び直し）という考え方だ。「みんながそれぞれスキルアップしていい会社に移れる社会になったらいい」というお題目だが、それと同時に金銭解雇のルール化も目論(もくろ)まれている。

これは経団連だけでなく、海外投資家からの要望でもある。海外のアナリストは日本企業の業績が向上しないのは高い給料をもらっていながら生産性の低い社員が多くいるためだと分析している。だから、雇用を流動化させれば業績が上がり、株価も上がるという理屈である。アメリカの企業で見られるような、ある日突然解雇され、段ボールに自分の私物をまとめてそのまま出ていくイメージを想定している。

本当にそれでいいのか？　私は、日本が目指すべき方向は違うと考えている。

欧州でも雇用流動化は進んでいるが、考え方はアメリカの逆で、労働者を守ることを主眼としている。特に北欧では企業に厳しい。待遇が悪く、優秀な社員がどんどん抜けてしまうようなデキの悪い企業は倒産しても仕方ないと考えている。

日本では、企業が倒産すると従業員（労働者）が路頭に迷うことになるが、北欧では手厚い失業保険が支給され生活には困らない。さらに、その失業期間中にスキルアップを図るためのプログラムが用意され、労働者個人の市場価値を上げることができる。新しい就職先では、前職より良い待遇を手に入れることを可能にする仕組みが整っているのだ。

労働者は企業に縛られるのではなく、より良い企業を渡り歩くのが当然という考えだ。転職するのは労働者の幸せのためという考えで、「失業」に対する不安が日本と全然違う。

一方、岸田政権が旗を降る「リスキリング」というのは、こうした北欧的な考えとはまったく異なる。あくまで企業寄りの考えで、解雇規制を緩和するためのエクスキューズとしてスキルアップを支援すると言っているに過ぎない。その予算規模も年2000億円程度と微々たるものだ。北欧的な労働者を第一に考えたリスキリング政策を取るのであれば大学の学費をタダにし、一度社会に出た人でも学び直しで大学に行くことができるようにするべきだ。加えて失業給付の金額を上げ生活費に困らないようにする。本格的な学び直しをするには時間がかかるから失業給付期間も長くするべきだ。そこまでやって初めて、本格的なリスキリング政策と言えるだろう。

こう考えると、スタートアップを振興するには、実は手厚い社会保障と労働者支援策が非常に重要だということにつながる。起業して失敗したら、日本では身ぐるみはがされて再起不能というのが普通だが、北欧なら生活不安はなく、すぐにまた次のステップアップに挑戦できるという安心感がある。米国人のようにリスクを取るのは当たり前という文化の中で起業に挑めというやり方もあるが、それでも身ぐるみはがされることはない。

日本人には、どちらかと言えば北欧型の安心感を与えて挑戦させるという方が適しているのではないだろうか。ただし、そのような手厚いセーフティネットのコストを賄うためには、高い税負担を覚悟する必要がある。

「労働者は守るが、企業は守らない」思想への転換

日本では失業者は経済的苦境に陥るだけでなく、落伍者という烙印を押され、下手するとうつ病になるほど精神的に追い詰められることさえある。ところが、北欧の人にとっては失敗は新たな仕事へのチャンスになる。フィンランドのノキアが経営危機に直面した時

も、政府はノキアは助けず、従業員を守ることを優先した。その結果、ノキアから大量に優秀な技術者が流出し、他の企業で活躍したり、起業してユニコーンを目指したりするということも珍しいことではなくなった。ところが、日本では東芝が破綻しそうになったら政府がさまざまな形で税金を投入し、なんとかして潰さないようにする。しかし、東芝の従業員の転職を支援してユニコーンを生み出そうなどという視点は皆無だった。

日産が中国に買われると言ったら、日本政府は日産の労働者を守るという名目で日産を守ろうとするだろう。しかしスウェーデンの対応はまったく違った。同国を代表する自動車ブランドだったボルボは2010年に中国の浙江吉利控股（ジーリーホールディングス）に買収された。もう一つの同国を代表する自動車メーカー、サーブ社も最後は倒産したが、いずれの場合も政府は企業を助けなかった。「労働者は守るが、企業は守らない」が徹底している。

この考え方は、欧州、特に北欧では一般的だ。小国が集まる北欧だが、最近のハイテク産業の急拡大の裏には、こうした政策があることを学ばなければならない。

30年ほど前、私が通産省（現在の経産省）にいた頃、労働時間の短縮に取り組んだことがある。海外事例を参考にしようと、ドイツの労働組合幹部に話を聞いた。ドイツは、日本と同じく中小企業が多数存在しているのに、早くから労働時間の短縮が進んでいたからだ。私は彼らに「日本で時短を進めようとすると、（商工会議所など）中小企業の経営者団体が経営が成り立たないと反対する。どうすればいいか」と相談した。すると、ドイツの組合幹部は驚いたような表情で、「ドイツではそういう議論にはならない」と言われてしまった。

長時間労働など日本では当たり前の労働条件で働かせる企業は経営者の能力が低いとみられるという。日本では企業を守ることによって間接的に労働者を守るという、ある種のトリクルダウン理論が浸透しているが、先進国では異様なのだ。

日本は労働者に過度な負担を強いることでしか存続できないような「ダメな企業」を生き延びさせてきた一方で、労働者を直接支援する政策が不十分だった。日本社会が働く人の能力を高め、より活躍できるキャリアへと転換できるような仕組みになっていないことが、生産性が低く、イノベーションの生まれない国になってしまった最大の原因なのだ。それは一貫して働く人よりも企業の保護を優先してきた政府の責任なのである。

ちなみに岸田首相は、安倍政権が言ってきたように時間が経てば賃金が上がるというトリクルダウンは起きなかった、とこれまでの政策の失敗をあっけらかんと認めた。なぜか、大きく報じられることはなかったが。

「論文引用数」は中国が世界1位！　日本はG7国最下位の10位

日本で大きなイノベーションが生まれにくくなっていることは、その基礎となる科学技術の力が失われてきていることにも大きな関係がある。私が通産省（現在の経産省）に入った頃、科学技術庁（当時）の役人は「科学技術立国」と盛んに叫んでいた。当時の日本は大学でも企業でも研究レベルが非常に高く、日本のものづくり世界一を支えていた。

ところが、近年、日本の科学技術のレベルは大きく低下している。それを測る指標の一つに論文の引用数がある。他の研究者からの引用数が多い論文は、それだけ価値のある論文だという考え方だ。文部科学省の科学技術・学術政策研究所（ＮＩＳＴＥＰ）が世界主要国の科学技術に関する研究活動を分析した「科学技術指標２０２２」によれば、他の論文に多く引用され、注目度のより高い論文を示す指標「Ｔｏｐ１％補正論文数」で、中国が米国を抜いて初めて1位となったことが話題になった。一方で、日本は10位で過去最低だ。Ｇ７で最下位、インドにも抜かれた。このランキングでは、１９８０～90年代前半は米国、英国に次ぐ3位を維持していたが、１９９４年にドイツに抜かれ4位、２００５年までは4位を維持したが、その後は順位を落とし続け、ついに2桁台になった。また、ＴＯＰ10％の論文数では、韓国などにも抜かれて12位まで沈んだ。

さらに深刻なのは、今後の産業競争力の帰趨（きすう）を制するといわれる人工知能（ＡＩ）の分野だ。日本経済新聞がオランダの学術情報大手エルゼビアの協力を得て行った分析では、ＡＩ関連の論文数では中国が数では一貫して首位を保ち、２０２１年には米国の約2倍の4万３０００本と勢いを増している。日本は２０１６～２０１９年の6位から２０２１年には9位に下がっている。さらに、より重要な引用数ＴＯＰ10％に入る注目論文数では、２０１２年時点では米国が６２９本で首位、中国は４２５本の2位だったが、２０１９年に米国を抜き、２０２１年は米国より7割多い７４０１本で独走しているのに対して、日本は18位と先進国でも下の方に落ちてきた。

企業単位で見ても、累積論文数の多い企業トップ10には米国からＩＢＭ、マイクロソフトなど6社、中国からは国有送電会社の国家電網、騰訊控股（テンセント）など4社が入ったが日本企業は入っていない。

最近は、ＩＴ企業だけでなくあらゆる分野の企業がＡＩの研究を行っている。それだけＡＩが競争の主戦場になると企業が見ていることがわかる。

最近、CHAT GPTというＡＩの対話ソフトが脚光を浴びている。最新版では、米国司法試験の模擬試験で受験者の上位10％の水準に入ったという。これを仕事に使う企業も続々と現れているが、この世界では、日本は完全に置いてきぼりである。

基礎研究にカネを回さないから、「科学技術立国」も過去の話

文科省は日本の科学技術力の低下の要因の一つとして、ここ20年で国内の大学の研究開発費が主要国に比べ伸びていないことを挙げている。確かに、国立大学法人運営費交付金を見ると２００４年度の１兆２４１５億円から２０２３年度（予算案）は１兆７８４億円まで減少している。最近の物価上昇を考えると、実質的には大幅減である。科学技術振興費予算も２０２３年度予算では前年の１兆３７８７億円から１兆３９４２億円への１％増で、実質は大幅削減だ。研究開発費が伸びていないことが問題だと言いながら、引き続き科学技術予算を冷遇している。防衛費への大盤振る舞いとの落差はあまりにも大きい。

こうした政策を続ける背景には、すぐにカネにならない基礎研究より、すぐに実用化してカネを生み出す研究が優先される思想がある。経団連の要請に基づくものだ。大学を交付金削減で締めあげれば、経団連企業との「産学連携」にのめり込むという構図だ。

だが、日本の基礎研究の弱体化という現状を見れば、この方向性は間違っていると言わざるを得ない。

基礎研究の縮小は大学だけでなく企業でも起きている。日本経済の落日とともに企業には余裕がなくなってしまったからだ。

基礎研究はそれ自体がすぐに利益を生むものではないから放っておけばそこに資金を出す人はほとんどいない。だが、その名のとおり、あらゆる技術革新（イノベーション）の「基礎」になる。だからこそ、本来なら国がしっかりと資金面（研究費）で支えなければならないのだ。しかし、政府はその逆をやっている。国立大学を独立行政法人化し、独立採算を目指すような無理を強いたうえ、科学研究費など学術研究費の削減を進めた。

研究費のパイ自体が小さくなっているところに多くの研究者が殺到するため、研究費の奪い合いが始まる。申請のために大幅な時間がとられ、研究どころではなくなっている。文科省は、日本の科学技術力の低下の要因の一つとして、研究費の減少とともに十分な研究時間が取れないことを挙げているが、その背景にはこうした事情があるのだ。

文科省が挙げる科学技術力の低下の原因の3つ目は、大学などで研究の担い手となる博士号取得者の数が、アメリカや中国、韓国でこの20年ほどで倍増した一方、日本では減少傾向が続いていることだ。これも明らかに政策的な失敗である。

科学技術力を低下させた安倍政権

日本では、博士号を取っても博士号を取得した若手研究者に十分な研究職ポストが用意されていないため、多くが有期雇用の極めて不安定な身分に置かれている。これでは、卓越した研究成果など期待することはできない。さらに、博士号取得者といえども日本では民間企業になかなか就職できない。世界では博士号取得者が引く手あまたなのに、日本だけは異常な状態だ。これは企業側のレベルが低く、高度な専門知識を持ったドクターを使いこなせないからだと考えられる。経営者からよく聞くのは、ドクターは使いにくいという言葉だ。しかし、それは単に自分の知的レベルの低さを暴露しているだけだということに彼らは気づいていない。

そして、政府が基礎研究を軽視するもう一つの理由が、前述したアカデミアに対する露骨な敵意である。特に安倍政権になってから顕著になった。

要するに、日本は、科学技術人材に投資せず、研究費を出さないうえに優秀な人材がいても使いこなせないし使いたくないということだから、もうどうにもならない。

これほど深刻な状況の中、岸田首相は科学技術振興策の目玉として10兆円の大学ファンド創設を打ち出した。日本の大学を世界のトップクラスの研究大学に引き上げるという触れ込みだが、これまでに述べた構造的問題は、単に大金を投じれば解決するというたぐいのものではない。このファンドの対象となる「国際卓越大学」と呼ばれる研究大学は、政府の有識者会議によって決定される。例によって御用学者が采配を振るうのだ。10兆円と聞くととてつもない金額に聞こえるが、実際に使えるお金は年間3000億円程度だ。これまでに削られた運営費交付金を取り戻すだけでも数年はかかる。しかも、この対象に選ばれなかった大多数の大学の財政危機は引き続き放置されるのだ。

さらに、このファンドの裏には、文科省の利権の拡大の意図も隠されている。実は、基金というのは運用してその利益を使うのだが、運用は証券会社などに委託する。手数料は0・1％でも100億円という計算だ。証券会社から見れば大事なお得意さんになるので、天下りの文科省OBを一人雇って、年間2000万円くらい払っても安いものだ。もちろん、この資金を管理する科学技術振興機構にも管理費用が支払われる。この財団も文科省の天下り団体だ。大学ファンドの成果がどうであれ、文科省にとっては美味しい話ではないか。政府がファンドを作れば必ずこの手の利権が生まれる。地方の小規模大学の現場の研究者が瀕死状態のまま、文科省ＯＢが甘い汁を吸うなんてことになったら大変だ。

このまま基礎研究の基盤がごく一部の大学を除いて失われれば、日本の科学技術力は確実に低下していくだろう。日本の将来の見通しはやはり暗いというしかない。

安倍政治の本質は「改革」ではなく「御用聞き」

ここまで、ここ30年近くの間に日本のイノベーション創出力を低下させた原因のごく一部を紹介してきたが、そこから得られる教訓は、単に予算を増やすというような表面的な対策で大きな変化を生み出すことは困難だということだ。

もっと根深い構造的な問題にメスを入れ、あらゆる面で大きな「改革」を行うことが求められている。安倍政権下では、経産省が主導した〝スローガン政治〟で、多くの国民が、安倍氏を「改革派」だと誤信した。その意味では、安倍氏の政策は大成功であった。だが、それはすべて「見せかけ」、「やってる感」の演出で、改革と呼べる政策はなかったのだ。

では、なぜ安倍政権では改革が実行されなかったのか。わかりやすい例を挙げてみよう。

政治が決めることができる大きな分野に「規制改革」と「税制」があり、この二つを駆使すれば、かなり大きな改革を進めることができる。

例えば、排気ガス規制を厳しくするとともにガソリン税を高くすれば、消費者はガソリン代を少しでも節約しようと考える。自動車メーカーはそのニーズに応えるために電気自動車（ＥＶ）の開発をより進めることになるだろうし、ユーザーの間にＥＶの方が経済的だという認識が広がれば、ＥＶの販売が拡大して大量生産が可能となり価格が下がる。その結果、消費者から見たＥＶのコストパフォーマンスが大きく上がり、一気にＥＶシフトが進むだろう。

だが、それは従来のガソリン車やハイブリッド車で儲けている企業側にとっては脅威となり、当然これに抵抗する動きが起きる。それを説得・調整するのが本来の政治の役割なのだが、安倍政権や経産省は、既存勢力と組んで抵抗勢力になってしまった。本来、大きな改革を実行するには相当な覚悟と周到な準備が必要で、生半可な気持ちでは絶対に前には進まない。前述したとおり、安倍政権は〝日本を取り戻す〟と言いながら、実際は掛け声だけで、腰を据えて「絶対に改革を実行しなければならない」というような意気込みは最初からなかったのだ。

安倍政権の経済政策は、基本的に経団連の御用聞き政策の羅列だった。それをサポートしたのが経産省だ。経団連の中でも、企業献金が断トツに多いのが自動車産業だ。その盟主がトヨタ自動車の豊田章男社長（当時）だった。彼は、政治家にも官僚にも一目置かれ、自動車関連の政策でトヨタの意向と違うことは一切できないという不文律ができた。

自動車業界からの巨額政治資金が産業政策を歪めた

そして、それが日本の国力を貶める結果になったのだ。

第3章で述べたとおり、トヨタはＥＶに消極的だった。その代わりに力を入れていたのが水素を使った燃料電池車（ＦＣＶ）だ。だが、テスラモーターズがＦＣＶを完全に無視してＥＶ一本に絞ったように世界の潮流は水素ではなく電気ということで決まっていた。トヨタとその子分である経産省が国を挙げたＥＶシフトに舵を切っていれば、今頃、日本の自動車産業がテスラと中国のＥＶ覇権争いの間に割って入っていたであろう。

ところが、安倍政権は真逆の政策を採った。トヨタの「ミライ」などのＦＣＶへの購入補助金を最大２１０万円とする一方、ＥＶにはわずか42万円（現在は厳しい条件をクリアすれば85万円まで拡大できる）ほどの補助金しかつけなかったのだ。露骨なＦＣＶえこひいき、ＥＶ叩き。世界中どこにもない異常な政策だった。

これはトヨタの意向がそのまま反映された結果である。しかし、トヨタのミライは車両価格が700万円とバカ高い。性能が良いわけでもない。しかも水素充填ステーションがほとんどないという致命的弱点があった。2020年12月に数えてみたら、全国に133か所、47都道府県のうち13県には存在すらしなかった。北海道でも室蘭と札幌に1か所ずつで道央、道南にはなし。東北でも青森、岩手、秋田、山形にはなく、宮城でも仙台の1か所だけ。しかも週3日しか開いてないとか、日曜休みとか、平日も15時や16時閉店など、ほとんど利用者がいないという想定だ。こんなに不便な状況では誰も利用できない。

それはもちろんトヨタもわかったうえでのことだ。FCVはまだまだ高いし、真の実用化にはかなりの時間がかかる。だから本格販売できるとしても2030年代がいいところ。だが、それを認めると、EV化の流れが加速する。それでは、ガソリン車やハイブリッドカー（HV）で儲ける期間が短くなる。そこで、「次世代は水素だよ」というメッセージを出して、消費者を迷わせて様子見の状況を作ろうとしたのだ。

そのためには、EVは充電に時間がかかるとか電池の劣化で中古車価格が下がるなどという情報を広めることも必要だ。そんな戦略が奏功して、EVはダメだという流れが消費者の中で広がっていったというわけだ。

その当時、ドイツでは、EVにもFCVにも同等の補助金約110万円、フランスでも

自民党（国民政治協会）へ献金が多い団体

順位	団体名	寄付金額（百万円）	団体種別	主な加盟企業
1	日本医師連盟	200	政治団体	—
2	自由社会を守る国民会議	88	政治団体	—
3	日本自動車工業会	80	業界団体	トヨタ自動車、ホンダ、ヤマハ発動機など
4	日本電機工業会	77	業界団体	日立製作所、富士電機、安川電機など
5	日本鉄鋼連盟	60	業界団体	日本製鉄、神戸製鋼所など
6	石油連盟	50	業界団体	出光興産、ENEOSなど
7	不動産協会	40	業界団体	三井不動産、三菱地所、住友不動産など
〃	ワールドメイト	40	宗教団体	—
9	プレハブ建築協会	30	業界団体	大和ハウス工業、積水ハウスなど
10	日本鉱業協会	21	業界団体	東邦亜鉛、三菱マテリアル、住友金属鉱山など
11	石油化学工業協会	15	業界団体	住友化学、東ソー、出光興産など
12	全国宅建政治連盟	12	政治団体	—
〃	日本商工連盟	12	政治団体	—
14	全国信用金庫協会	10	業界団体	—
〃	日本船主協会	10	業界団体	日本郵船、商船三井、川崎汽船など
〃	日本薬剤師連盟	10	政治団体	—

同様に90万円程度の補助金が導入されていた。両者を平等に扱ったのだ。その結果はEVの完全勝利となり、EV化の流れが決まったのである。

日本ではFCV偏重の政策が採られただけではない。エコカー減税という制度があるのはご存じの方も多いだろう。世界中がHVを含むガソリン車販売禁止を見据える中、日本では、HVどころかガソリン車でも燃費が比較的いい車に対してはいまだにエコカー減税を実施している。これもトヨタの「ご意向」に沿った政策だ。

どうしてトヨタにそこまでひれ伏すのかと言えば、前述のとおり、トヨタが率いる自動車業界の政治献金が巨額なことや選挙協力もあると見られる。日本の将来を見据えるのではなく、自民党と癒着した大企業の言いなりで政策を動かす。それが安倍政権だった。

岸田首相とトヨタの関係もまったく同じだ。しかも、その関係はより露骨になってきた。単に選挙運動を手伝うというだけでなく、2021年の衆議院選挙では、トヨタ労組の組織代表である立憲民主党の現職議員が、公示5日前に突然立候補を取りやめるという驚きの事件があった。トヨタのおひざ元愛知5区でのことだ。裏でどんな圧力がかかったか、誰でも想像できる。その選挙区で自民党候補が圧勝したのは言うまでもない。

さらに、2022年6月には、岸田首相自らトヨタの工場を訪れただけでなく、豊田章男社長の前で、首相や関係閣僚と自動車会社トップによる新たな対話の場を設けると約束した。御用聞き政治をより公に制度的に保証するというのだ。当然のことながら、その直後に行われた参議院選挙でのトヨタの協力への事前の謝礼という意味合いも込められていたという見方が広がった。ここまで露骨に癒着を深められるのが安倍政権以降の自民党の政治である。「改革」とは真逆の「御用聞き政治」。それが日本の政治の現状である。

「既得権と戦う改革」は一切せずにトヨタにだけは媚びていた

いま、世界の潮流は「脱炭素」であり、「GX（グリーントランスフォーメーション）」がキーワードになっている。

脱炭素を進めるには、これまでのような規制緩和ではなく、環境規制などの規制強化も重要なツールになる。もちろん、規制強化には既得権と戦うことが必要だ。企業が無理だと言って反対するくらいの規制強化を行うことで、その規制を乗り越えた企業が世界のトップランナーとなっていくというシナリオが重要である。1970年代にアメリカの自動車排ガス規制の抜本的な強化を図ったマスキー法に米自動車業界に先んじて適応した日本メーカーが規制適合競争での勝利だけでなく、その後のガソリン価格の上昇による消費者の省エネニーズをとらえる競争でも完勝して、一気にシェアを高めたのはその典型である。だが、安倍政権は経団連などの業界団体を敵に回す規制強化は行わなかった。「既得権と戦う改革」はできなかったのだ。しかし、GXを規制強化と助成のハイブリッド政策で推し進め、それを自国産業の競争力強化につなげようというのが世界の流れである。

あの中国でさえ、排水に関する規制などでは一部日本より厳しい基準を用いているという。かつて安い労働力と緩い環境規制を求めて中国に進出した日本企業の中には、急激に進む環境規制強化のコストを勘案すると規制が緩い日本に移転した方が得だと判断する例さえ出ているのだ。

DXでも医師会既得権に配慮して改革に手をつけない

安倍政権が目玉にしていたDXでも日本の改革は周回遅れだ。

例えば、DXの目玉として語られるマイナンバーカードだが、安倍政権には、これを使ってどういうデジタル社会を作っていくのかという根本理念が存在しなかった。また、どんな社会課題を解決するのかという大きなビジョンもない。その結果、やりたいことが伝わらないので現場が本気になれない。本気でないから普及しない。普及しないから何の役にも立たないという悪循環になった。ただ、カードの普及だけなら岸田政権のようにポイント大盤振る舞いをやれば取得率は上がっただろうが、それすらやる気がなかったのだ。

一方、岸田政権でも事態はそれほど改善していない。例えば、「マイナンバーカードと保険証を一体化する」ことを「大きな目標」に据えているが、一体化するだけでは、多少便利にはなるかもしれないが、それで大きな変革が起きるわけではない。もし、医療分野でのDXを本気でやろうと思ったら、それぞれの人がどんな診断を受け、どんな治療・投薬をして、どのように改善・治癒したかといった情報を網羅的に収集していく必要がある。

そのためには、マイナンバーカードと保険証を一体化させるだけではなく、最低でも電子カルテの100％導入が不可欠だ。しかし、電子カルテの普及は遅々として進まない。特に開業医など身近な医療を提供するプライマリ・ケアを担う医療機関での普及が非常に遅れている。OECDによれば、2021年時点の資料によると、プライマリ・ケアを担う医療機関の電子カルテ導入割合は、加盟38カ国中16か国で100％、それを含めて30カ国が8割以上であるのに対して、日本は、わずか42％で下から数えて4番目だ（日本経済新聞2022年5月15日）。しかも電子カルテと言っても、単なるPDF化であることも多く、外部からキーワードで検索するなどということができない。

診療所の側は、システム導入にお金がかかるなどとゴネるが、それは診療報酬を上げさせるための作戦だ。嫌がっている本当の理由は、電子カルテが本格的に活用されると不正診療や過剰投薬、誤診などが容易に発見される可能性が高いからだ。

保険証をマイナンバーに組み込むことは病院でも利便性が上がることや診療報酬を加算するというアメが与えられたことで強い反対は起きなかったが、カルテの電子化とその情報を診療報酬のチェックなどに用いれば、医療業界の暗部が可視化されるので抵抗が強い。医師会は多額の献金をするし、組織内の参議院議員も輩出する自民党最大の支持団体の一つだ。安倍政権は、こうした「既得権団体」とはまったく戦おうとしなかった。

日本の危機的な財政状況を考えると歳出改革は待ったなしだ。その中でも最も比重の大きい社会保障分野での改革は絶対に必要で、その第一歩が電子カルテ化による医療の最適化である。安倍政権はその第一歩に踏み込もうとすらしなかったのだ。

選挙に勝ちたいために農協にも手が出せなかった安倍政権

こうした自民党の岩盤支持組織に配慮するがために改革がなされない分野は他にもいろいろある。真っ先に思い浮かぶのが、農業分野での改革だ。

「40年以上、続いてきたコメの生産調整を見直します。いわゆる減反を廃止します」

安倍首相（当時）がドヤ顔で、こう大見得を切ったのは2013年暮れのこと。その時は、農業をアベノミクス成長戦略の柱として、海外の安いコメに対抗できる競争力のあるコメ農家を育成するという「夢」が語られた。減反政策と言えば、日本の農業政策の大黒柱だ。これに手を付けるなど口が裂けても言えないというのがそれまでの自民党政治だった。安倍氏の宣言を聞いた時、ついにタブーに手を付けたと一瞬多くの人が騙された。しかし、これは真っ赤な嘘だったことが後でわかる。

安倍政権では頻繁に選挙があった。深刻なスキャンダルも選挙での勝利で禊（みそぎ）を済ませたことにする。それが安倍政治だ。選挙に勝つためには、農協の支持は欠かせない。一方、消費者や市場への人気取りも重要で、大きな改革をやるぞというイメージを振りまくために打ち出したのが減反廃止だった。この矛盾する状況をどう打開したのか。

実際に減反が廃止された2018年以降も、「自主的生産調整」という名のもとに事実上の減反政策を続けたのだ。具体的には、JA全中や全国農業協同組合連合会（JA全農）のほか、コメ卸（おろし）や外食・中食の業界団体などが集まって、生産調整をするための新たな組織を立ち上げた。一方、農林水産省は、減反目標の代わりとなる「需給見通し」を発表し、その需給見通しに基づき、新組織が各県や地域ごとに最適とみられる生産量を試算し、農水省に代わって都道府県への生産目標を配分した。大半の県では、それをさらに市町村単位で配分し、さらに半分くらいの県では農家単位でも目安を示した。つまり、減反と同じ効果を狙った民間主導カルテルに政府が協力するという仕組みが作られたのだ。

ただし、この仕組みに強制力はない。そこで、千億円単位の巨額の補助金を投入して主食用のコメ以外の農産物の生産に誘導することでコメの生産量を抑制し、コメの高値を維持することにした。これによって「隠れ減反政策」は非常に確固たるものとなった。

その結果、減反廃止で価格が大幅に下がると期待していた消費者は見事に裏切られることになった。価格は下がるどころか上昇が続いたのだ。コロナ禍で需要が減少したためその間だけは下がったが、それが落ち着くとまた上昇傾向になっている。ちなみに、農家に払われる補助金の原資は国民の税金だ。つまり、消費者は自分が払った税金を使って高値のコメを買わされるということになったのである。

コメの価格が高ければ、もともと消費者のコメ離れが進んでいたのに拍車がかかる。その結果、主食用米の需要も安倍政権発足時は800万トン弱あったのに2022年産は691万～697万トン（農水省推計）まで大幅に減少した。高いから買ってもらえないのだ。２０２３年産はさらに減る見込みだ。生産も２０２２年産は約６７０万トンと見込まれ、７００万トンの大台割れとなった。選挙目当てで、農協のご機嫌取りの政策を実行して、消費者に負担を押し付け、さらにコメ農業をどん底まで衰退させてしまったのが安倍農政だった。

ここに挙げたほんの数例を見ただけでも、安倍政権がいかに「改革」からかけ離れていたかがよくわかる。その体質を一言で言えば、「企業・団体と癒着し、既得権と戦わない、利権政治」ということだ。その結果、あらゆる分野で「改革」が滞り、世界に後れをとることになってしまった。そして、それが今日の岸田政権にも引き継がれている。

結局、日本の停滞はさらに続いていくのである。

第5章

メディア・官僚・司法も安倍政権の〝共犯〟だった

5-1 地に堕ちた官僚のモラル

安倍政権が生み出した官僚の劣化は底が抜けた

「官僚は優秀だ」といまもなお信じている人は多い。また、志があって官僚になっても政治家や上司がダメで、年々その志が失われていく、ということもよく言われる。しかし、これは非常に一面的な見方だ。官僚が優秀だという根拠は、多くの官僚が東京大学を出て公務員試験の難関を通った、つまり「優秀＝試験ができる」という意味である。学生時代に試験ができたから優秀とは限らないのは、社会に出た人なら誰でも知っているだろう。ましてや、自らを犠牲にして国民のために働ける覚悟があるなどという保証はどこにもない。そんなことを確認する手続きがないのだ。一応面接は行われるが、各省庁が選ぶのは国民のために働く官僚ではなく、自分たちの役所のために使える官僚である。

しかも、現在進行しているのは、そもそも試験ができるという意味での優秀な人材が就職先として官僚を選ばなくなっているということだ。それは20年くらい前から始まっていて、昔であれば東大法学部のトップクラスの学生は迷わず大蔵省に入っていたが、いまはマッキンゼーやアクセンチュアなどの外資系コンサルや弁護士になる道を選ぶケースが増え、東大生内の序列でもそれらの就職先の方が上になってしまった。だから最近の若手の財務官僚は昔と違って腰が低い。自分たちが一番だとは思っていないからだ。

2023年度　【東大】就職注目企業ランキング

1	株式会社野村総合研究所
2	アクセンチュア株式会社
3	ソニーグループ株式会社
4	PwC コンサルティング合同会社
5	デロイト トーマツ コンサルティング合同会社
6	株式会社エヌ・ティ・ティ・データ
6	マッキンゼー・アンド・カンパニー日本支社
8	三菱商事株式会社
9	株式会社日立製作所
10	富士フイルム株式会社
11	アビームコンサルティング株式会社
12	旭化成株式会社
13	日本アイ・ビー・エム株式会社（IBM）
13	楽天グループ株式会社
15	株式会社クニエ
16	ゴールドマン・サックス証券株式会社
17	株式会社キーエンス
18	三菱地所株式会社
19	株式会社ベイカレント・コンサルティング
19	ボストン・コンサルティング・グループ合同会社
19	EYストラテジー・アンド・コンサルティング株式会社

東大生の注目企業ランキング（「OpenWork」リリースより）

国家公務員採用総合職（キャリア官僚のこと）試験（かつての国家1種試験）、申込者数は、2012年の2万5110人から、2021年には1万7411人に減少した。

経団連加盟の古い大企業の社員からはいまだに東大卒の役人も一目置かれるという文化がある程度は残っているが、元気の良いベンチャーや外資系企業の人から見ると役人は決断が遅くリスクが取れない、「ダサいおっさんたち」と見られてしまっている。

知り合いの外資系ファンドの代表は、お嬢さんがたまたま財務省の官僚と結婚すると決まった時に、「財務官僚なんかと結婚してどうするんだ」という反応をしていた。昔だったら財務省のエリート官僚と結婚するといったら鼻高々だったはずなのにである。

このように、エリートの中では官僚の社会的地位が大幅に下がっている。

一方で、最近の若手官僚には「俺たちが日本を引っ張っている」という自負心がないとも言われる。そんな大きな目的よりも、役所に入っていろいろ見てやろうとか、何年か努めたらそれを足場に転職しようという人も増えた。ある役所の副大臣を務めた官僚OBの議員は、「最近の若い官僚には、志がない。マニュアル世代。なんでもそつなくこなすんだけどねえ」と嘆いて見せた。一番ではないことがわかっていれば、他人の意見にも耳を傾けるだろうから悪いことばかりではないかもしれない、という気もする。霞が関に「普通の人」が増えれば、まともな仕事ができるのではという期待もある。しかし、いまの霞が関の役所で若者が思い描くような面白い仕事ができるのだろうか。答えはNOである。

モラール崩壊が常態化し、優秀な若手官僚が霞が関から逃げ出している

官僚の人材難の問題の背景にあるのが、官僚のモラール（士気）を低下させる要因だ。新卒で有数な人材が集まらなくなっているだけでなく、最近は、若手官僚の退職も深刻だ。人事院の発表では２０２０年度の退職者は１０９人で、２０１３年度の76人から43・4％増えた。入省５年未満では２０１７年度に35人だったのが、２０１８年度は70人と倍増している。

各省庁は対策に乗り出したが、むしろ状況は悪くなる一方である。ここを打開するには霞が関側が大きな改革をするしかないが、公務員改革はもはや行われる兆しすらない。

若手官僚の退職が増えていることは把握されているが、その原因は明確になっていない。幹部職員の不祥事、長時間のサービス残業など職場のブラック化、低い給与水準、スキルアップの仕組みがないことなどが原因と報じられているので、とりあえず、各省庁は残業時間の縮減や国会業務の効率化などを対策として挙げている。

確かに働き方改革は重要だ。しかし、実はポイントを外している。人事院のレポートによれば、キャリア官僚志望者の志望動機は、「公共のために仕事ができる」「仕事にやりがいがある」「スケールの大きい仕事ができる」が上位三つを占める。そこから思い浮かぶのは、途中退職者が増える最大の原因は、人のためになる大きな仕事をしたいという夢を抱いてきた若者たちが、その夢を実現できないという現実に直面していることが最大の問題ではないかということである。

実は2022年の晩秋、それを確信させられる出来事があった。映画『妖怪の孫』のために幹部候補の中堅官僚二人に匿名を条件に取材したことは第1章で書いた。この二人は内閣府や内閣官房に出向した経験もあり、非常に有能な官僚だ。私の質問は近畿財務局の職員、赤木俊夫さんに関するものだった。財務省の佐川宣寿理財局長（当時）の指示で行われた公文書改ざんという犯罪行為を強要され、後に自殺に追い込まれた。「なぜ財務省では誰も異論を唱えなかったのか」「官僚の倫理観はどうなっているのか」というのが私の質問だったのだが、彼らの答えは驚くようなものだった。

「あんなことは日常茶飯事なんです」というのである。二人によると、いまの霞が関は中堅幹部クラスが皆、事務次官や大臣、官邸、声の大きい有力議員の方を向いて仕事をする。

しかもその内容は政治家や役所の利益のためのものであることが非常に多いというのだ。

公僕意識が希薄化し、まっとうな倫理観に反することが日常的に行われているというのである。安倍政権になるとその傾向はさらに極端になり、国民のための施策かどうかなどと考えることや議論すること自体がなくなってしまったという。おかしいと思っても部下たちが声を上げることなど考えられない。稀にそういうことを試みても周囲から冷たい目で見られたうえに議論さえしてもらえない。何もなかったかのようにスルーされてしまう。

幹部から「官邸には逆らうようなことはするな」と予め言われることさえあるそうだ。そうしたことを繰り返すうちに倫理観（モラル）が崩壊した状態が当たり前になってしまったというのである。

この二人は改革派官僚として活躍してきた将来の幹部候補である。その彼らですら、「霞が関は絶望的ですよ」とためらいなく証言するのだ。「残業とか安月給などは承知のうえで官僚になった。それでも、国民のためになる大きな仕事ができれば、やりがいがあると思って官僚を続けてきたが、そんなことは夢のまた夢。どこにも希望が見えない」と途方に暮れている。彼らを見ていると、大志を抱いている人ほど現実との落差を強く感じてしまうのだな、とつくづく思う。そして優秀な人ほど先が見えるので、先を争って辞めていく構図も見える。そして、この二人の官僚は後輩に対して、「国のために頑張ろうよ」と言うことにさえためらいを感じると言う。そんなきれいごとが通用しないことを知っているからだ。キャリア官僚たちの士気（モラール）がここまで崩壊しているとしたら、辞めていく人が増えるのは当然のことだろう。霞が関改革の議論の中心が「職場のホワイト化」というのは、まったくピント外れなことがおわかりいただけると思う。

一番大事なことは国民のための政治が行われ、官僚がそのために働ける環境の整備だ。どん底に落ちてしまった官僚の士気を元に戻すには、党利党略、私利私欲にまみれた政治家や幹部官僚の一掃、すなわち、大規模な政治・行政改革が必要だ。

霞が関に君臨する財務省に罪をなすり付けた安倍元首相の大嘘

安倍晋三元首相が崩壊させたのは官僚のモラール（士気）だけではない。本来高いレベルの倫理観（モラル）を持つべき官僚たちが、信じられないような不祥事を次々と起こすようになったのも安倍政権の特徴だ。とりわけ官僚の「モラル崩壊」を世の中に印象付けたのがあの森友学園をめぐる土地の不当値引きと財務省による公文書改ざん事件だった。

周知のように、財務省が所管する国有地を大阪市内で幼稚園などを経営している学校法人「森友学園」に破格の安値で売却したことに端を発する疑惑である。理事長は安倍晋三首相（当時）の信奉者で、系列幼稚園の園児に「安倍首相がんばれ」などと言わせたり、戦前の教育勅語を暗唱させる特殊な教育を行っていた。

森友学園に小学校建設用地として　土地が売却されたのが２０１６年6月で、翌17年2月の衆議院の予算委員会で追及を受けた安倍氏は、「私や妻が（土地取引に）関係していたということになれば、それはもう間違いなく、総理大臣も国会議員も辞める」と発言した。

２０２３年2月に出版された『安倍晋三回顧録』では、財務省が土地を値引き販売したのも公文書を改ざんしたのも財務官僚たちの都合でやったことで、安倍氏には何の落ち度もないという言い訳が書いてあったが、一方で重要な事実が隠されていた。それは、昭恵夫人付の経産官僚・谷査恵子（たにさえこ）氏が田村嘉啓財産審理室長とこの土地取引についてファクスでやり取りしていたという直接的な事実だ。

昭恵夫人が建設予定の小学校の名誉校長に就任していたり、理事長夫妻との3ショット写真が出てきたりということが大きく取り上げられていたが、それは昭恵氏関与の状況証拠に過ぎない。一方、谷氏と田村室長のやり取りは、「土地取引」そのものに関するやり取りである。そして、「財務省」の「キャリア」の「管理職」田村氏が、「経産省ごとき」の「ノンキャリア」の「課長補佐ごとき」の谷氏にファクスという「証拠」を残しながらやり取りするということは役人の「掟」から言うと絶対にあり得ない。

そんなことが起きた理由はただ一つ。谷氏が昭恵夫人の意を受けて動いていたことを田村氏が認識していたからである。これは官僚であれば、誰もが達する結論だ。私は、これまで多くの官僚にこの件について質問したが、これに異を唱える人は一人もいなかった。ちなみに当時の谷氏の上司は今井尚哉総理秘書官である。

「総理大臣も国会議員も辞める」という安倍さんのこの爆弾発言を聞いた官僚たちはどう反応したか。総理がこう言ってしまった瞬間から官僚たちは、安倍首相だけでなく昭恵夫人も森友学園と何の関わりもなかったということを言い張るしか選択肢はなくなった。万一、昭恵氏の関与を示す事実を明らかにしたり、それを認めるような発言をすれば、内閣を倒し、総理の政治生命を断つことに直結する。そんなことをする勇気のある官僚はどこにもいないということを安倍さんはもちろんよくわかったうえで発言したはずだ。財務省の官僚たちには、安倍氏の言葉が「わかってるだろうな」という脅しとなったのだ。

結果、財務省は組織をあげて公文書改竄という国家公務員として絶対にしてはならない

「犯罪行為」に手を染めざるを得なくなったのだ。

『安倍晋三回顧録』でなかったことにされた財務省職員の自殺

政治家や官僚は、国家権力を行使して国民に大きな影響を与える立場にある。したがって、彼らには一般国民よりも一段高い倫理観が求められる。単に悪いことをしないというだけではなく、疑われるようなこともしてはいけない。すなわち「李下に冠を正さず」という倫理規範が求められるのだ。しかし、安倍氏の倫理規範はまったく正反対だった。「悪いことをしてはいけない」という一般人の守るべきハードルさえ取り払い、悪いことをしても「捕まらなければいい」というところまでそのレベルを落とした。

実は、官僚の立場からすると、安倍氏の「辞職」発言には、これを超える意味がある。なぜなら、昭恵夫人関与の証拠を出すことが許されないとなれば、「証拠があっても捕まらないようにしろ」という不可能な指示を受けたのと同じだからだ。さらに、これをきっかけに安倍氏の歓心を買い出世につなげたいという邪(よこしま)な動機が重なって、佐川宣寿理財局長(当時)による前代未聞の公文書改ざんへと発展してしまったのである。安倍氏は、官僚の倫理観を下げるどころか崩壊させてしまったと言ってもいい。

そして、改ざんを〝強要〟された近畿財務局の職員・赤木俊夫さんが自ら命を絶つという取り返しのつかない悲劇を招いたのだ。しかし、これも驚きであるが、『安倍晋三回顧録』には、赤木さんの自死についての謝罪はおろか反省も後悔の言葉もなく、自死の事実も出てこない。赤木という名前さえもない。あれだけ日本中が関心を持った出来事だったのに、まるでそんなことは起きなかったかのような扱いなのである。

さらに、あろうことか、「森友学園の国有地売却問題は、私の足を掬うための財務省の策略の可能性がゼロではない」とまで語っている。これが一国の首相を務めた人間の発言なのかと私は読んでいて思わずわが目を疑った。

『安倍晋三回顧録』について、赤木さんの妻の雅子さんは、この本の関連部分にだけ目を通した後、夫のことに一言も触れていないことがとても悲しいと私に語った。死んでからもご遺族にこんな思いをさせる安倍氏は、総理としての資格ゼロだったというだけではない。人間としても完全に失格、「人の心がない」と言われても仕方ないだろう。

安倍政権下では「官邸に奉仕する」者だけが出世した

森友学園問題で矢面に立たされた佐川局長は世間的には「政治からの圧力にさらされた

気の毒な官僚」というように見えるが、少なくとも本人や周囲は、当時はそうは捉えていなかったという話が財務省からは聞こえてきた。本人は「安倍さんのことを守っている」と英雄気取りで、それが国税庁長官への昇任につながり、霞が関のモラルハザードに拍車がかかった。安倍政権下では、国民や国家に奉仕するのではなく、総理・官邸に奉仕することがダイレクトに出世に繋がる。佐川氏の昇進は、それを証明したかっこうだ。

このモラル崩壊は他の役所でも見られた。法務省・検察庁がもう一つの典型例だ。

安倍首相は東京高検検事長だった黒川弘務氏を重用し、定年延長をさせるために法律改正までやろうとした。定年延長できれば黒川氏を検察トップの検事総長にすることができたからだ。黒川氏は歴代自民党政権と法務・検察をつなぐ「橋渡し」として暗躍していた。司法記者の間では「官邸のお庭番」「安倍総理の守護神」とさえ言われていた。

森本学園問題に続いて政権を直撃したのが、「桜を見る会」疑惑である。

内閣総理大臣主催の公的行事として税金が投入されるこの会に、安倍首相をはじめとする自民党の有力者が支持者を招待していたという事実が2019年5月に表面化した。さらに、桜を見る会の前日には、都内高級ホテルで「安倍晋三後援会」主催の前夜祭が行われていることもわかった。会費は一人5000円を徴収していた。公金で開催される桜を見る会に政治家が後援者を招待するというのも問題なのだが、前夜祭については会費が安すぎることから差額の扱いが問題視され、公職選挙法や政治資金規正法違反の可能性が指摘された。下手をすると、安倍首相個人の刑事責任が問われかねない事態だった。

国会での野党の追及に対して、安倍首相はその場しのぎの苦しい言い訳を繰り返した。衆議院調査局の後の調査によれば、安倍首相はこの時、なんと118回ものウソの答弁をしたことがわかっている。東京地検特捜部の捜査が安倍氏周辺にまで迫っていた。

だが、結論を言えば公設秘書が政治資金規正法違反で略式起訴されただけで、安倍氏本人は嫌疑不十分で不起訴になった。検察、すなわち法務省が政権に忖度した結果である。

安倍首相は何か追及されるとムキになって反論し、「検察が調べたけど結局起訴されなかったじゃないか」「証拠はあるんですか」と公然と言ってのけるようになった。要するに「証拠が見つからなければいい。捕まらなければ何をやってもいいだろう」ということを総理大臣が公言するような国になってしまったのだ。

逮捕状を握りつぶした人物が警察庁長官に！

だが、驚くのはまだ早い。安倍氏の倫理観は「捕まらなければいい」ではなく、検察に忖度させて「捕まえさせなければいい」というところまで堕ちていた。そして、この倫理観の堕落は安倍氏本人だけでなく、官邸全体、そして忖度官僚全体へと広がっていった。

その証拠にこんな例もある。安倍首相（当時）や菅義偉官房長官（当時）と昵懇だった元TBS記者の山口敬之氏がジャーナリストの伊藤詩織さんをレイプした疑いで逮捕状が出た時のことだ。当時の警視庁刑事部長だった中村格氏が、成田空港で刑事が逮捕しようとしていたにもかかわらず、その寸前にこれを取りやめるよう命令を出した。中村氏はその前まで菅官房長官の秘書官を務めていた。安倍ヨイショ記者を守ったことも功績の一つになったのだろう。彼は、最終的には警察庁長官にまで上り詰めた。

悪いことをやっても罰せられるどころか、それによって安倍氏が喜べば出世につながることを霞が関中に見事に示したのだ。森友の公文書改ざんと並んで官僚のモラルハザードを強める典型例となった。詳細に検証すれば、こうしたケースはいくらでもあるだろう。

前出の黒川氏も、官邸の導きで検察トップ「検事総長」に上り詰めるはずだった。しかし、墓穴は思わぬところに掘られていた。「文春砲」が、黒川氏が緊急事態宣言期間中に複数回新聞記者らと賭け麻雀に興じていたことを暴露したためその道は断たれた。

黒川氏に対しての法務省の処分は、国家公務員法上の処分ではなく内規上の訓告という極めて軽い処分だった。本来なら退職金も出ない懲戒免職でもおかしくない話なのにである。さらに、東京地検も黒川氏の常習賭博罪容疑について不起訴処分、単純賭博罪についても起訴猶予という信じられない決定を下したが、さすがにこれに怒った市民が検察審査会に審査を請求した結果、「起訴相当」になる。これを受けて黒川氏は略式起訴され、東京地裁で20万円の罰金に処された。禁固刑以上だと弁護士資格はく奪だが、罰金刑なら「ヤメ検」弁護士に転身できる。黒川氏にとって痛くも痒くもない結果で終わったのだ。

２０２３年2月にたまたま検察幹部に話を聞くことができた。彼によれば、安倍政権下で黒川氏が東京高検検事長だった時は酷かったが、いまは雰囲気がガラッと変わったという。以前の体制なら東京五輪のスキャンダルなど立件はできなかったというのだ。

しかし、私はこれで喜ぶのはまだ早いと考えている。なぜなら、いくら逮捕者が増えても、本丸と噂される森喜朗氏らへの捜査が本気で行われているようには見えないからだ。森氏は安倍派のドンである。安倍氏亡き後、同派で最も影響力を持つという。森氏に司法は手を出せないのなら、〝妖怪の孫〟安倍氏の亡霊がこの国を支配していることになる。

検察幹部が日常的に賭博をやり、財務省幹部が公文書を改ざんする。そしてさして咎められることもなく、その後も普通に生活を送れる。この国の官界の腐敗はそこまできたのだ。官僚組織崩壊と言ってもいい。安倍政権の罪は本当に大きい。

天下り規制で財務省を敵に回して失敗したという思い込み

安倍政権は2006年の第一次政権が短命で終わったにもかかわらず、なぜ第二次政権はあれほどの長期政権となったのか。実は、第一次政権と第二次政権では政権の本質的な成り立ちが違う。ポイントは「改革」だ。あまり知られていないが、中でも「霞が関の天下り規制」が一つの注目点になる。

第一次安倍政権は小泉純一郎首相（当時）の事実上の指名により政権を禅譲される形でスタートした。小泉氏は派閥の力を超えて官邸主導の「改革」を推進した人で、安倍氏は、小泉「改革」路線を継承する「若き改革のプリンス」という立ち位置だった。改革をするしかない立場にあったわけだ。

そこで取り組んだのが「天下り規制」だ。そのために党内きっての改革派だった渡辺喜美氏を担当大臣に据えた。実はこの時、私は渡辺大臣から補佐官として手伝ってほしいという要請を受けた。しかし、たまたま大腸がんの手術を受けて抗がん剤治療が始まったばかり。霞が関中を敵に回す大役をこなす途中で倒れたら大変な迷惑をかけるということで辞退せざるを得なかった。

しかし、裏では、渡辺チームのサポートをしながら、その改革に携わった。最終的には、渡辺氏の八面六臂の活躍もあり、安倍氏はこれまで歴代総理の誰一人手を出せなかった天下り規制を実現してしまったのだ。

天下りに手を付けるということは、霞が関の官僚と、それと一体となって利権の甘い汁を吸う自民党族議員全体に宣戦布告するのと同じだ。どういうことか解説しよう。

官僚は、年功序列で昇進する。しかし、幹部ポストの数は限られるので、その段階になるとあぶれる者が出る。民間とはまったく異なり、霞が関では、役所の中で出世できない者には、早期退職する代わりに民間企業や関連団体にポストを用意して、役所の幹部並みの処遇をするという闇の生活保障制度がある。誰が幹部になり誰が辞めて天下りするかは一体的に決めなければならない。天下り先を含めてすべての人事は役所の人事当局が管理する。

天下り規制とは、役所を辞める官僚にその役所の職員が外の就職先の斡旋をしてはいけないというものだ。それをやられたら、役所全体の人事が回らなくなるし、多くの官僚の生活設計が根本から崩壊する。彼らから見れば、自分たちの人生を台無しにするテロ行為と言ってもいい。したがって、これに手を付けた政治家には、霞が関全体が族議員と一緒になって襲いかかる。

だから、普通の政治家はこれには手を付けない。安倍氏が天下り規制に手を付けると聞いた小泉元首相が、「それは凄いね。俺だってできなかったんだぞ」と驚いたというエピソードは、この規制がいかに難しいかを物語っている。

その後、安倍氏は参議院選挙に惨敗。持病の潰瘍性大腸炎の悪化もあり退陣を余儀なくされたが、第一次安倍政権を支えていたメンバーの中には、「安倍さんは公務員改革に手を染めたことが原因で霞が関の支配者である財務省にやられた」と本気で思っている人がいる。安倍氏自身も第一次政権では官僚、特に財務官僚を不用意に敵に回して失敗したという教訓を得たと言われていた。

とりわけ、天下りに手を付けたことが官僚、なかんずく財務省の虎の尾を踏んだということを身に染みて理解したというのだ。その反省に立って、今井尚哉氏ら、自らを支えてくれる役人たちと「総理復帰」の際の官僚支配について周到に準備したのではないだろうか。前出の『安倍晋三回顧録』でも随所に安倍氏自身の意識の中では、財務省を敵と位置付けて「戦い」続けていたと思っていたことが書かれている。

第二次安倍政権は官邸主導と官僚主導のハイブリッド

第二次安倍政権は第一次政権同様「政治主導」と言われるが、成立の過程は真逆だった。第二次安倍政権の官僚支配のやり方は、官邸官僚を含むチーム安倍による支配だ。民主党のように各省庁の大臣にも官僚支配を分担させるようなことはしなかった。大臣はあくまでも安倍首相の駒であり、各省庁を支配するのは官邸官僚たちが中心だったのだ。つまり、政治主導の一類型である完全なる官邸主導である。

第二次安倍政権にはもう一つの特徴がある。それは、表向き政治主導と言いながら、実は、官邸主導と官僚主導のハイブリッド構造を取っていたことだ。そして、官僚主導の分野では、霞が関官僚はこれまで同様、あるいはそれ以上に我が世の春を謳歌していたのだ。

それは、安倍氏や今井氏の関心の領域が限られていたことに起因している。

当時の官邸官僚は安倍氏の〝私兵〟と言ってもいい存在だった。安倍氏が関心のある分野では、すべてが官邸主導となる。その方針と異なることは一切認められない。異論は封殺され、逆らうものは打ち首、協力的でない者も排除される。逆に、安倍氏忖度で積極的に協力する者は露骨に引き立てられる。

一方、安倍氏が関心のない分野は基本的に「良きに計らえ」という感じで放置された。ただし、安倍氏の関心がなくても、ひとたび世論の関心を引いた場合は、官邸事項に格上げされる。そのあたりのさじ加減は今井氏を中心とする官邸官僚が担っていた。霞が関の側からすると官邸からの要望にはしっかり対応しなければならないが、それ以外は好き放題やれることになる。

好き放題とは、官僚と族議員が結託して利権をむさぼる行政だ。官邸側は、それにより役人を敵に回さずに済む。政治主導と言いながら、実は役人にとっては極めて都合のいい政権だったと言えるのだ。

ちなみに、この仕組みで最も喜ぶ官僚は誰かと言うと、もちろん、官邸官僚である。なぜなら、彼らは、安倍氏の関心が薄い分野でも、総理のご意向と言えば何でも好きにできるからだ。今井秘書官の影に隠れて注目されなかった和泉洋人総理補佐官なども含め、彼らこそ「我が世の春」を謳歌した官僚と言っていいだろう。

前川喜平文科省次官は、なぜ退任に追い込まれたのか

第一次政権であれほど熱心に取り組んだ「天下り」に安倍氏は一切手を付けなかった。

もちろん、霞が関はそれを阿吽の呼吸で感じ取り、安倍政権への協力姿勢を強めていった。

ただし、一つ例外があった。あの前川喜平文科省事務次官（当時）らを含む文科省官僚が厳しい処分を受けた不正天下り斡旋事件だ。

文科省では、現役職員による天下り斡旋が禁止されたことを受けて、同省「ＯＢ」が天下り斡旋をしているという「形」を作ったが、実際には同省の現役職員と一緒になって省ぐるみで斡旋をしていたことが発覚した。

もちろん、これは法律に背く行為ではあるが、実はほぼ同様のことが他の役所でも行われていた。現に財務省や経産省の官僚に聞いても、キャリア官僚が行く先が見つからずに失業したという話はまったく聞かない。天下り斡旋がいまも行われている証拠である。

天下りは役所の人事と一体に行われる必要があるため、現役職員が一切関与せずに天下り人事を回すことはできない。これまで文科省のような大きな違反事件が明るみに出なかったのは、単に各省庁が「証拠を残さないようにうまくやっていた」というだけのことだ。

安倍政権が天下り自由という裏メッセージを流していたため文科省が油断したという説もある。霞が関でもう一つ有力な説として語られているのが、前川次官の加計学園問題に対する対応への〝見せしめ〟だったのではないかということだ。

加計学園問題とは、安倍首相の〝お友だち〟である加計孝太郎氏が経営する学校法人の獣医学部新設計画をめぐる疑惑だ。前川氏が２０１６年６月に文部科学次官に就任してすぐに直面したのが、この問題だった。

文科相は獣医師の供給不足はないという認識で獣医学部の新設は認めないという立場だったが、安倍政権は構造改革特区を利用してこの規制を外そうとしていた。官邸から前川氏の元へ再三にわたって獣医学部新設を急ぐよう要請があったという。その年の秋には、「官邸の最高レベルが言っている。最短のスケジュールを作成していただきたい」とプレッシャーをかけてきた。

最終的に前川氏は〝圧力〟に屈したのだが、まさにこの経緯と前後して天下り事件が急浮上する。前川氏はその責任を取って２０１７年１月20日に次官を退任する。同３月30日に停職処分相当（退職後だったので）の判断がくだる。これは正式処分の中では懲戒免職に次ぐ重い処分だ。めったに出ることはない。官邸の意向に素直に従わなかったために、ことさら厳しい対応がなされたのではないかと言われている。

一方、前に取り上げた黒川東京高検検事長の賭博事件では、検察幹部によるバリバリの刑法違反でありながら、法務省の黒川氏に対しては、正式処分ではなく内規処分でしかない「訓告」だった。そこには官邸の意図があることは誰でもわかるだろう。

以上見たとおり、安倍政権はハイブリッド型の仕組みの中で、霞が関への「アメ」と「ムチ」をしっかりと使い分けたことで官僚支配を実現し、長期政権につなげたのだった。

5-2 権力者たちのメディア弾圧の実態

安倍政権のマスコミ支配は組織的・戦略的・網羅的

安倍政権の最大の特色はマスコミ支配だと私は考えている。

「第四の権力」と言われるマスコミを支配したことによって安倍政権にとって不都合な真実は報じられなくなり、逆に政権支持率上昇につながる安倍忖度報道が蔓延するようになった。実は、その構造がいまも続いているということを順を追って解説しよう。

安倍政権ほどマスコミ支配の重大さを強く認識していた政権はなかった。そこでは、政権を挙げてマスコミ支配を構築するための工作が組織的・戦略的・網羅的に実施されていたと言っていいだろう。多くの人は、安倍政権のマスコミ支配と聞くと、単にマスコミに対して圧力をかけていた話だという理解をするかもしれない。だが、これは非常に一面的なとらえ方だ。

そもそも、報道への圧力はいつの時代もどの政権でも行われてきた。例えば、私は民主党政権時代にもテレビ朝日『報道ステーション』にコメンテーターとして出演していたが、そこでの私の政権批判に対して、当時の仙谷由人（せんごくよしと）官房長官が直接番組に電話で怒鳴り込むなどということもあった。

しかし、それに対してディレクターがその場で反論できる雰囲気があったし、相手側も「こいつに好き放題言わせておいたらまずいから牽制しておこう」という程度の意識でやっていたことだった。すなわち、個人レベルにとどまり組織的ではなく、その場その場でアドホック（その場限り）に行われるもので網羅的でもない。したがって当然のことながら戦略性がなかった。

それに対して、安倍政権はそれまでの政権とはまったく異なるマスコミ支配の手法を用いた。圧力のかけ方が「異次元」であるのはそのとおりなのだが、単なる圧力だけというのとはまったく違うところがあまり理解されていない。

マスコミのトップから現場まで全体として支配するため、政権内で役割分担をしながら各層のマスコミ関係者に対して巧妙な工作を仕掛けていたのだ。手口はこうだ。

大手メディアトップ（会長・社長）を担当するのは、安倍晋三首相自身だ。まずは、定期的にメディア幹部を招いた夕食会を開催する。そこでのやり方がうまい。特に「ミーハーな」トップに食い込む術が秀逸だった。

例えば、安倍首相が自らの携帯電話の番号を教えて、直接連絡が取れる関係を作る。これによってバカなメディアのトップは首相と直接連絡が取れると思い虚栄心を満たされる。さらに、「携帯電話の番号も知っている同士」という仲間意識を作り、「一緒に日本を動かしているんだ」と錯覚させるのだ。これによって、政権の政策に理解を得やすい関係ができる。

しかも、これらの会食をわざわざ公表し、各紙の首相動静で報じさせる。これによって、社内の幹部や現場の記者も「うちのトップは安倍首相と会食している」という事実を知ることになる。それは直接的な働きかけにならなくとも、社内で忖度する空気を生み出すことにつながった。巧妙ではないか。

相手がおののく菅官房長官にも屈しなかった岸井成格(きしいしげただ)氏

菅義偉官房長官は別の役割を担っていた。菅氏は毎日、朝、昼、晩（時には二回）と、可能な限り、世論に影響を与えそうな関係者と会食を重ねていたのは有名な話だ。政治評論家やテレビのMC（マスター・オブ・セレモニー）、コメンテーターから雑誌のコラムニスト、いわゆる有識者と言われる人たちまで、幅広く関係を築いていった。とりわけ、政治的スタンスが自民党に批判的な人にもウイングを広げていたそうだ。

会食では、直接圧力をかけたり要望することはしない。黙って相手の話を聞いて、「大変勉強になりました。これからもよろしくお願いします」と殊勝に挨拶して終わる。こうなると、普段から批判的なコメントをしていた人ほどドキッとしてしまう。事実上の警告と受け取れるからだ。そして、政権批判をしていたほとんどの人は「転向」した。

例えば、朝のワイドショーなどでよく見るある著名ジャーナリストは、その後も政府に批判的なコメントをしているように見えたが、決して「安倍」という固有名詞を出して批判をすることがなくなった。そのくらい気を遣っていたのである。

そんな中、一人だけジャーナリストの矜持を守った人がいた。ＴＢＳの『ＮＥＷＳ23』

のアンカーだった元毎日新聞社主筆の岸井成格氏だ。岸井氏は、日頃から安倍政権に対して臆することなく批判的コメントをすることで官邸から睨まれることになった。特に、集団的自衛権の行使を容認する安保関連法案について、「憲法違反であり、メディアとしても廃案に向けて声をずっと上げ続けるべき」だとコメントしたことで安倍政権や岩盤右翼層から「絶対に許せない存在」となった。そんな岸井氏と菅氏との間のとても興味深いエピソードがある。ある日、私が神楽坂の割烹で岸井氏と会食した席で直接聞いた話だ。

菅氏は長年マスコミ関係者などと夜の勉強会を開いていた。ある日その会に行くと、なぜか菅氏が席についている。自分は菅氏を呼んでいない。どうしてここにいるのか見当もつかない。誰かに聞いてきたのだろう。

岸井氏は、いつ菅氏が口を開くかと思いながら話をしたが、結局最後まで一言もしゃべらない。話が終わると、菅氏は「今日はとても勉強になるお話をお聞きしました」と一言残して席を立った。その後、何かあるかと思ったら何もなく、もう一度予告なく菅氏が現れたそうだ。

そして二度目も最初とまったく同じだった。いろいろと考えたが、はっきりしたことはわからない。ただ、俺は見ているんだぞ、ということが言いたかったのか。いずれにしても「薄気味悪かった」と岸井氏は語った。

後に菅氏側近の一人から聞いたが、菅氏が会った関係者の中で岸井さんだけは、その後も徹底した安倍政権批判を貫いた。官邸では、頑固な奴だと思われたが一目置く人もいたという。しかし、安倍氏を取り巻く岩盤右翼層の団体は容赦なかった。なんと、全国紙に一面全部を使って岸井氏を個人攻撃する意見広告を出したのだ。当然、誰がそのカネを出したのかなどと物議を醸した。

その後も岸井氏は決して政権に屈することはなかったが、結局2016年3月までで『NEWS23』のアンカーを降板させられた。やはり、NHKの良心といわれた『クローズアップ現代』MCの国谷裕子（くにやひろこ）さんも同時期にMCを降板している。テレビ朝日の『報道ステーション』MCの古舘伊知郎（ふるたちいちろう）氏は当時既に人畜無害とみなされていたが、なぜか同時期に降板した。

これらの事件は個人を潰す目的だととらえられているが、実はそれだけでなく、番組潰しを狙ったものだった。その後は、いずれの番組も牙を抜かれたような状態になり、『クローズアップ現代』は時間帯まで変えられて政権を監視する役割は事実上消滅した。『報道ステーション』では、後述するとおり、その前年に番組潰しはほぼ完了していたが、その後は骨のあるスタッフの粛清まで行われた。

いまや政治は取り上げないバラエティ化が進み、安倍派の萩生田光一自民党政調会長に直結する統一教会問題も他局の後追いでアリバイ作り的に取り上げるなど、その偏向ぶりは酷くなっている。

『NEWS23』だけが唯一抵抗姿勢を時折示すこともあったが、いまは完全なバラエティ化へと進んでいる。日本テレビはもともと政権批判に消極的、フジテレビは安倍派よりも右翼偏向だったので、いまや東京キー局すべての看板報道番組が権力監視機能を失ってしまったと言っていい状況だ。例外は、TBSの『サンデーモーニング』と『報道特集』くらいであろうか。

当時からマスコミ支配に熱心だった萩生田光一氏

安倍政権のテレビ支配は、2016年3月にほぼ完成したのだが、いきなり3人のMC、アンカーを切ったわけではない。その前から周到に段階を踏んでいる。

例えば、2014年の秋には、『報道ステーション』の番組内での慰安婦問題に関する恵村純一郎朝日新聞論説委員の発言がテレ朝の番組審議会で問題とされた。日頃から政権批判を勇気をもって展開していた恵村氏に対する露骨な攻撃だが、この審議会で批判の先頭に立ったのが、安倍氏に近い番組審議会委員長で幻冬舎社長の見城徹（けんじょうとおる）氏だった。

また、同年11月20日には、在京キー局に宛てた自民党の萩生田光一筆頭副幹事長と福井照報道局長連名の圧力文書（衆議院選挙直前に公正、公平、中立などを執拗に求めた文書）が送られ、その結果、選挙に関する報道が極端に減少し、投票率が低くなって、結果的に自民圧勝となった事件があった。この話は多少は報道されたのでご存じの方も多いだろう。

一方、その裏で、さらに直接的な『報道ステーション』潰しの工作が行われていたことはあまり知られていない。先の圧力文書の発出から6日後の「11月26日」、自民党福井照報道局長名で今度は当時の『報道ステーション』のプロデューサー宛に同番組で放送した特定の企画について、その内容が偏向しているという警告文書が送られている。1回の放送のしかも一つの企画の内容について細かく批判する「文書」を個人宛に送ってくるというのは、極めて異例だ。しかも、この文書では、「放送法4条4号」に言及した脅しになっている。完全に憲法違反の内容だ。

実は、この「11月26日」は、２０２３年2月に発覚した総務省に対する礒崎洋輔総理補佐官（当時）の不当な介入事件で、磯崎氏が最初に総務省に電話した日である。また、磯崎氏が「自民党では、すべての番組を録画録音してサーチしています。クレームも、きちんとしていると聞いています。偏向報道には黙って看過せず、いちいちクレームをつけるくらいの努力がいまの日本では必要です。」とツイートしたのも同じ11月26日だった。つまり、総務省に官邸から圧力をかけつつ、自民党が官邸と連携して『報道ステーション』に個別に圧力をかけていたことがわかったのだ。

「I am not ABE」の真相は世の中の常識とは真逆

ちなみに、この脅迫文書が、そのプロデューサー（松原文枝氏）の局内での立場を極めて難しいものにしようとして発せられたことは確実だ。松原氏は報道ステーションの屋台骨で、彼女がいなくなれば「報ステは終わる」と言われた人だ。私もさまざまな圧力から何度となく守ってもらった経験がある。そういう行動がもちろん、彼女を潰せという行動に自民党を駆り立てたのだろう。結局、恵村氏と松原氏と私の3人は、2015年3月末に一斉に降板となったのだ。この時、事実上、報ステ潰しは終わり、4月以降、官邸の監視リストから外れたと言われている。

私の場合は、降板直前にいわゆる「I am not ABE」事件があったため、それが私の降板の原因だったと思っている人が大半だろうが、実はそれは間違いだ。

なぜなら、前述したとおり、報ステ潰しはそのかなり前から始まっていて、松原氏や恵村氏の3月交代も決まっていた。いつもは私の味方をしてくれた古舘伊知郎さんからも「今回はちょっと厳しい……私は何もできない」という話を聞かされ、2015年4月以降の降板を最終的に知ったのは2月だった。そもそも1月に「I am not ABE」と番組で発言して官邸からリアルタイムで警告メールが来たことは第1章でも述べたが、3月が最後の出演ということになり、そこで何をコメントしようかと考えて、安倍政権からの圧力の話とともに、記者たちが安倍政権によって変わってしまったのではないか、しかもそのことに気付いていないのではないかということをガンジーの言葉とともに訴えた。その言葉は、かなり広く引用されたが、あらためて掲げておこう。

「あなたがすることのほとんどは無意味であるが、それでもしなくてはならない。そうしたことをするのは、世界を変えるためではなく、世界によって　自分が変えられないようにするためである」

私が一番言いたかったのは、この話だった。だが、その前に、黒字に白抜きで「I a

m not ABE」と書いたA3の紙を広げたことの衝撃が非常に強く、しかも、古館さんが狼狽(うろた)えて、私に反論を始めるという予想外の展開になったために、一般の視聴者には、「I am not ABE」だけが印象として残ってしまった。しかも、官邸はこれを「放送事故」と称して、古賀の電波テロだと宣伝した。

そして、古賀はその責任を取らされて降板したというストーリーを流したのだ。その後、テレビ局も新聞も積極的にそれが嘘だということは伝えなかった。私から直接この話を聞かない限り、いまも、「古賀が放送事故を起こして報ステをクビになった」と信じている人がほとんどである。

このように、私や岸井氏のように最後まで寝返らなかった人は、次々とテレビから消えていった。こうした役割を果たしていたのもまた菅氏だったのだ。

「きめ細かい」総理秘書官の圧力

安倍氏、菅氏とともにマスコミ支配を完成させたのが、総理筆頭秘書官である今井尚哉氏だった。安倍首相の最側近で、多くの重要政策を主導していた今井氏は記者にとって最重要の情報源だ。特に官邸クラブの記者は安倍首相から直接あれこれと話が聞けるわけではない。官房長官や秘書官への取材が生命線となる。情報が取れなければ、記者失格の烙印を押されるからだ。

今井氏の役割は、現場の記者たちの弱みを巧みに利用しながら、彼らが政権批判の記事を書くのを止めさせ、逆にヨイショ記事を書くように仕向けることだった。今井氏の元には、夜の帰宅時に番記者が殺到する。今井氏から何か新しいネタをもらうためと、他社に後れをとらないためである。全社が同じ行動をとっていれば、基本的に「特オチ」(特ダネを自社だけが記事にできないこと)は起きにくい。

だから、とにかく各社一斉に今井氏に密着する。今井氏はネタを渡すかどうかは相手の「お行儀のよさ」で決めればよい。今井氏から出てくるネタは、ある意味独占情報だ。各社とも喉から手が出るほど欲しい。今井氏は、圧倒的に優位に立っているのだ。

そこで、今井氏は時に非常に厳しい態度を見せる。「お前のところの新聞は偏向している」と文句を言うだけではない。例えば朝日新聞の記者が気に入らない記事を書いた際には、自宅前の夜の囲みで「こんな奴(朝日の記者)がいるなら今日はしゃべらない」などと言って家に入ってしまうこともあったそうだ。番記者としては今井氏から何も情報が得られなくなってはお手上げだ。そこで記者同士で話し合って、朝日の記者に対して「後で取材メモはあげるから明日は来ないでくれ」ということさえあったという。

また、世論調査などにも目を配り、「君の会社の世論調査は設問の立て方が悪いから支持率が低く出るんだ。次回から設問を変えろ」などと細かい「命令」までした。

一方で、スクープとなる情報を特定の記者にだけ渡して懐柔するのは日常茶飯事だった。そうやって番記者に対してもアメとムチで籠絡していくのだ。その根底には、日本の記者たちが、ジャーナリストではなくマスコミ株式会社の「社員」であること、そして、独自取材で問題の本質に迫る調査報道をする能力がないことといった、マスコミの構造問題が横たわっている。安倍、菅、今井の三氏や他の官邸幹部官僚たちも記者たちの弱みをうまく使ってマスコミを脅し、また籠絡していった。その結果、安倍政権は、トップから現場の末端まで、網羅的なマスコミ支配を完成させていったのだ。

問題意識を失った大手メディアが重要な真実を見逃してしまう

私がここで言うまでもなく、ジャーナリズムの基本は「権力の監視」だ。世界中のジャーナリストが、そのために働いていると言っても過言ではない。しかし、日本だけそれができていないどころか逆行してしまっている。日本のジャーナリズムの劣化を端的に示すのが「国境なき記者団」（本部・パリ）が毎年公表している「世界報道の自由度ランキング」だ。最新2022年調査では、日本は180国中71位だった。アジアでは台湾38位、韓国43位のはるか下だ。G7最下位で、発展途上国や独裁政権と隣り合わせである。

民主党政権時代の2010年には北欧と肩を並べる11位まで上昇したが、第二次安倍政権発足後は、急速にランクを下げた。その責任は政権側だけにあるわけではない。私はある中国系メディアの女性記者からこんなことを言われたことがある。

「日本の記者は何がそんなに怖いのでしょう。何を書いても命を狙われたり牢屋に入れられたりはしないのに。私たちは政府批判は書けませんが、それでもギリギリのところを狙って記事を書く記者もいます。それは命がけの行為です。日本のように安全な国で政権に忖度するのは信じられないことです」

元ニューヨークタイムズの東京支局長だったマーティン・ファクラー氏も同様の指摘をした。これが日本のジャーナリズムに対する海外のプロのジャーナリストたちの評価だ。世界71位と言われても文句は言えない。

政権忖度ジャーナリズムが横行すると、どういうことが起きるのか。

例えば、賃金が上がらないという政権に不都合な真実が、「毎月勤労統計」の不正が発覚した時から急に報じられるようになった。私がここで指摘しておきたいのは、こうした統計データは毎月公表されている。もし各社の記者に「政権を批判的に見る目」が備わっていれば、賃金が上がらないどころかむしろ大きく下がっていることにすぐに気づいたはずだ。しかし、彼らは毎月の政府の発表を右から左へと流す報道しかできなかった。政府は毎月の統計の説明の際に、前年同月比で何％上がったとか下がったと解説する。

そして、それをグラフで見せるのだが、それを見ているとプラスやマイナスが凸凹している絵だけが見える。しかし、実は、その絶対水準を示すグラフも資料の一番下の方についていて、それを見れば、水準として、賃金が安倍政権成立時を上回ることはまったく起きていないということに気づく。下がったままなのだ。したがって、アベノミクスで賃金は上がらずというニュースをいくらでも書けたはずだが、書かなかった。

安倍政権下での巧妙なマスコミ工作によって、記者として重要な「問題意識」がどんどん消えていっていたのだ。つまり、最初は恐れから始まった報道の自己抑制が次第に自発的忖度に変わり、さらには、いつも批判できないという前提で取材し続けているうちに、ついには批判の材料を見出す能力さえ失ってしまったのではないか。

前に紹介したガンジーの言葉は、まさにそのことに対する警鐘だったのだ。

マスコミがトヨタ批判をできない構造的問題

メディアの萎縮は政治に限らない。経済界とマスコミにも同様の関係がある。そう言うと、いわゆる原子力ムラのことを思い出す方も多いだろう。しかし、実は、メディアにとって、最強の支配者はもはや電力会社ではない。トヨタ自動車の豊田章男会長である。2月に社長を辞めて会長になったが、もちろん、その御威光は以前とまったく変わらない。

私は、複数の新聞社のトヨタ担当からそれぞれ話を聞いたことがある。

大手新聞社の場合、本社、支社、総局など呼び方はさまざまだが、トヨタを担当するのは名古屋に置かれた拠点である。日本最大最強の企業の取材の中心が東京本社にはないということだ。トヨタ担当記者は、名古屋にいなければトヨタ本社に足繁く通うことができない。そんな記者はトヨタには相手にされない。まずはトヨタ、なかんずく豊田章男氏に気に入られることが最も重要な仕事だ。豊田氏に嫌われるなどもってのほか。もちろん、トヨタには数多くの不祥事もあるし、最近ではＥＶ（電気自動車）化の失敗など、経営責任を追及すべきテーマもある。

しかし、担当記者はトヨタの悪口、批判的な記事は書けない。それどころか、質問することすら憚られるという。少しでも豊田氏の機嫌を損ねたら露骨に出入り禁止となり、一切の情報をもらえなくなる。また、トヨタは、マスコミにとって、巨大なスポンサーでもある。トヨタ批判の記事は、編集・報道部門というより、営業部門からクレームが入ることも多い。

最近でも、トヨタのディーラーで大々的に不正車検が行われていたことが発覚した。系列販売店11社12店舗で実際には検査をしていないのにしたことにするなど〝手抜き〟車検が行われていたというのだ。新聞各紙はさすがに報じはしたが、いずれも一過性のもので大きな扱いにはしなかった。本来なら1面トップでもおかしくない。他の企業であれば、社長会見でつるし上げのような追及場面が延々とテレビに流れるような話だ。しかし、そんなことは一切起きなかった。豊田社長の責任追及などあり得ない話なのだ。

2021年の東京パラリンピックの選手村でトヨタが運行していた「自動運転」バスが柔道の日本代表選手と「接触」事故を起こす出来事があった。代表選手はケガで2日後に予定されていた試合に出られなくなった。「世界一」のトヨタのクルマがパラリンピックの日本代表選手にぶつかって、そのケガが原因で、よりによって試合に出られなかったというのだから、テレビでも長時間の特集ができる。

そもそも、この選手の気持ちを考えたら、多くの人はもの凄い怒りを覚える話だ。社長のオンライン取材は日頃から飼い慣らされた番記者に限定され、案の定厳しい質問など出るはずもない。豊田社長はまず、選手が軽傷であることを強調し、実際、トヨタ側の言い分だけが記事になった。被害者側の取材はもちろんない。大会出場を断念するほどのケガが軽傷であるはずがないのにである。

ちなみに、報道をためらう日本のマスコミを横目に一報を世界に打電したのはロイター通信など海外のメディアだった。大スポンサーであるトヨタを前に、日本の大手マスコミは矜持を捨ててしまったのだ。

この事故にはもう一つの論点があった。事故を起こしたのはトヨタ自動車の次世代モビリティー「eパレット」で、選手村での運行は自動運転の「実証実験」とされていた。当時、eパレットの自動運転レベルは国際基準では下から2番目の「レベル2」と呼ばれるまったく遅れたレベルのものだった。

もちろん常時、人の監視が必要とされる。豊田社長はこう言い訳していた。「パラリンピックの会場で、目が見えないことや耳が聞こえないことへの想像力を働かせられなかった……」。驚きの発言だ。現実の社会では視覚・聴覚障害者はもちろん、ありとあらゆる条件の人が暮らしている。しかも、今回はパラリンピック選手村だ。「目が見えない人がいるとは思わなかった」「想像力を働かせられなかった」というのは、大炎上確実の大失言だ。

そもそも事故の本質は、この自動車はおよそ自動運転なんかできないものだったということなのだ。要するにトヨタの技術レベルが問題の核心なのだ。その程度の技術しかないトヨタのバスをオリンピック委員会は「自動運転車」としてなぜ採用したのかも疑問だ。問題意識を持つ記者であれば、多くの問題点を指摘できたはずだ。にもかかわらず、そこを掘り下げた取材記事は見たことがない。

ジャーナリズムの機能はありとあらゆるところで崩壊しているのがわかる。

ジャーナリズムなきマスコミによって統一教会問題も一気に下火に

こうしたメディアの萎縮は、現在の岸田政権下でもかなりの程度、残っている。安倍氏が亡くなり、少しずつ政府批判が復活してきたように感じる人もいるだろう。しかし、よく見ると、岸田批判はのびのびと行われているのに安倍派（清和会）有力者の批判、とりわけ安倍派を継承するのではとも言われる萩生田光一政調会長に対する批判は完全に封印されたままだ。細田博之衆議院議長（清和会元トップ）もほとんど批判されないし五輪疑惑の渦中にいる安倍派元会長の森喜朗氏も同様だ。萩生田氏は先に紹介したとおり、安倍政権時代からテレビ局などに対して露骨な締め付けをしていた。その時から恐れられていたが、いまもなおその時の力を温存しているように見える。

その萩生田氏は、地元八王子の市議会議員時代から統一教会と極めて近い関係にあることはさまざまな報道で明らかにされている。にもかかわらず本人は知らぬ存ぜぬ、メディアも追及しない。この統一教会問題はマスコミと自民党の関係を見るうえで非常に重要な材料を提供してくれる。

2022年7月、安倍晋三元首相が山上徹也被告に殺害されてパンドラの箱が開かれた。直後は政治的テロかと騒がれたが、統一教会の2世信者による犯行だとわかってから、統一教会問題が一気に関心の的となった。当初、安倍派をけん制するために、あえて統一教会問題に光を当てようとしたかに見えた岸田首相も、途中で安倍派の逆鱗に触れることがわかってからは一転、この問題から逃げ始めた。萩生田氏ら自民党安倍派を恐れるマスコミ、特にテレビ局は、読売テレビの『情報ライブミヤネ屋』などごく一部を除いてこの問題を掘り下げる気配すら見えなかった。

それを象徴するのが、テレビ朝日で起きたジャーナリスト有田芳生氏の出演キャンセル事件だ。有田氏は統一教会については40年もの取材歴がある。1991年には『週刊文春』誌上で統一教会が自民党の国会議員に秘書を派遣している事実を初めて暴いた実績もある。鈴木エイト氏同様、一時はテレビで引っ張りだこだった。

その有田氏がテレビ朝日の『モーニングショー』で、1995年頃、警察が統一教会の摘発に意欲を示していたため、警察庁と警視庁から教団の実態についてのレクチャーの依頼を受けたことを証言した。有田氏を呼んだ警察幹部は「オウムの次は統一教会をやる」と言ったというのだ。ところが捜査は実現せず、10年後に当時の警察幹部に理由を聞いたら、「政治の力だった。圧力」と言われたことを暴露した。大反響を呼んだが、有田氏は翌日の同番組への出演予定を突如キャンセルされた。「上」からの圧力だったと言われている。『モーニングショー』はそれ以来、統一教会の話題は取り上げなくなった。

教団はその後、有田氏に対して名誉棄損の訴訟を起こした。これをきっかけに、テレビ各局は有田氏への出演依頼を控えるようになる。統一教会の思惑どおりではないか。

一方、国会閉会中は何とか逃げ回っていた岸田政権だったが、2022年秋の臨時国会が始まると、野党の追及は厳しく、さすがにこのまま幕引きということはできない状況になった。その頃、マスコミでは、2世信者の被害が大きくクローズアップされたこともあり、岸田氏は突然、被害者救済法の制定に舵を切った。目的は、統一教会と安倍派の関係から話を逸らすことだ。最終的には野党の意見を取り入れて法律を成立させたが、これまでの安倍・菅政権が野党の意見を無視してきたのに比べると、画期的なことではある。

統一教会問題をこれで一件落着にすれば岸田氏の思惑どおりだ。当初、大きな話題となった自民党と統一教会の関係を解明する話がうやむやなままだ。

しかし、現実には、被害者救済法が成立すると、統一教会報道は下火になった。肝心な教団と亡くなった安倍元首相や細田博之衆議院議長、萩生田光一政調会長ら自民党大物幹部との関係や教会が政権運営や自民党の政策にどのように影響を与えたのか、さらに選挙協力でどの議員が不当に当選したのかなど、極めて重要な論点が未解明のままだ。

そこに切り込めるかどうかは、かなりの程度日本のマスコミの姿勢にかかっている。まえがきに書いたとおり、彼らが妖怪の支配から逃れられなければ、統一教会問題に限らず、安倍派支配の歪んだ政治構造は変わらないだろう。

選挙に使えれば何でもよいという安倍氏のいい加減さ

統一教会と安倍氏の関係について、ジャーナリストの鈴木エイト氏に何回か直接話を聞く機会があった。

彼の話を聞くと安倍氏はとにかく、何でもありの人だったということを強く感じる。興味深かったのは、韓国の統一教会本部の方では、実は安倍氏のことをバカにしていたことだ。日本の政界に食い込むために最高の政治家だということで思い切り利用しようとしたという。案の定、安倍氏はダボハゼのように食いついてきた。

一方、安倍氏も教団を徹底的に利用しようと考えていた。教義や信者の被害などどうでもよくて、とにかく選挙に使えればいいという考えだったという。信者は票になるだけでなく、選挙運動員として寝食を忘れて働く。一部では反共主義で共鳴したというような解説もなされるが、どうもそれは付随的なものだという気がしてならない。ある意味、「まじめな」信者の「誠意」を踏みにじる行為だと言ってもいいだろう。問題が発覚した途端に手のひら返しをした萩生田政調会長にもそれに近いものを感じる。

言論統制は自民党の専売特許のように思えるが、実は、その自民党の内部に目を向けると、彼ら自身も内部での自由な言論が許されなくなっている。

安倍元首相銃殺を受けて、岸田首相は国葬にすることを即断した。国会に諮ったわけでもなく、首相の一存で決めたことにはさまざまな批判がなされた。しかし、自民党内でそのことに本気で異論を唱える議員は出てこなかった。そんなことを言おうものなら党内で批判を浴びるし、岩盤右翼の支持を失うと考えたからだ。

マスコミが報じない村上誠一郎議員の「国賊」発言の真相

そんな中、一人敢然と立ちあがった議員がいた。村上誠一郎元行革相だ。

村上氏は2022年9月20日に国葬への欠席を表明し、マスコミ各社から囲み取材を受けた際に、「安倍さんは財政、外交をボロボロにし、官僚機構を壊したとの見方もあり、その責任は重い」と述べて、安倍さんが国葬に値するかどうかに疑義を表明した。

新聞各紙は「国民の半数以上が反対している以上、国葬を強行したら国民の分断を助長する」「出席したら（国葬実施の）問題点を容認することになるため、辞退する」と村上氏が欠席の理由を明確に述べたことを記事にした。この時、唯一、時事通信が村上氏が安倍氏のことを「国賊だ」と発言したことを報じた。これが自民党安倍派議員たちから猛反発され、村上氏に厳しい処分を求める声が上がった。自民党の党紀委員会は、村上氏に1年間の役職停止処分を科し、自民党の最高意思決定機関である総務会のメンバーであった村上氏は総務会をクビになった。

実はこの「国葬欠席表明」の前夜、私は村上氏と会食をしていた。東京・赤坂のホテルニューオータニのとある部屋で、マスコミOBと村上氏の選挙参謀、そして私の4人での会合だった。もちろん、統一教会や国葬にも話が及んだ。そこで私が「自民党議員として国葬に出ざるを得ないのか」と質問すると、村上氏は間髪入れずに「出るわけない」と答えた。欠席することには迷いはなかった。だが、安倍氏や国葬を決めた岸田首相には気を遣っている様子がうかがえた。

しかし、4人で議論するうちに、「これだけ国民の反対が強いのだから、国会議員には、出欠とその理由を国民に説明する責任があるのではないか」という話になった。

報道が出た後、村上氏と電話で話した時に、「そんなこと（国賊発言）は言った覚えはないんだけど……」と困惑していた。おそらく、気心の知れた記者に囲まれて、国葬批判をエスカレートするうちに、一言だけ口が滑ったというのが真相なのではないかと思う。「国賊」という言葉には意味がなく、ポイントは安倍政治に大きな問題があったことと国葬を行うことに反対だということを言いたかっただけなのだ。ほとんどの記者が、「国賊」発言を記事にしなかったことからも、記者の多くは「国賊」発言に意味はないと理解したことがわかる。しかし、自民党党紀委員会の衛藤晟一委員長は「『国賊』との発言は極めて非礼な発言で許しがたいものだという意見で一致した」として、「党員たる品位を汚す行為」にあたると処分理由を説明したそうだ。本当に言ったかどうかもわからない「国賊」発言が処分理由の中核だったということになる。

この処分は明らかに度を越したものだ。自民党には、過去に品位を汚す行為をした人がどれだけいたのか。麻生太郎元首相などはその典型で、品位を欠く発言の常習犯だが、一度も処分を受けたことがない。

村上氏が一番嘆いていたのは、自民党内で異論を述べる空気がなくなったということだった。同氏が所属していた自民党の最高意思決定機関である総務会では、安倍政権の頃から、政権の政策に反するような意見が言えなくなったというのだ。

昨年「聞く力」を掲げた岸田文雄氏が総理となったことで、村上氏は党内の自由闊達な議論が復活するかと期待したが、残念ながら国葬問題でも異論を述べるのは村上氏と石破茂氏だけという状況は変わりなかった。

自民党を外部から正すはずの野党の力不足

おそらく、安倍一強時代に異論を述べないことが党内のすべての組織で常態化したため、自分の意見が党や政権の方針に反しないかどうかを自己チェックしたうえで、リスクのない内容だけを述べることが自民党議員の「習い性」になってしまったのだろう。

村上氏の「国葬欠席」問題は自民党内での言論の自由が消滅したことを示している。異論を述べることができなくなれば、組織としての自浄能力が失われ、統一教会のような深刻な問題が出た時でさえ、執行部の場当たり的対応に表立った批判が出ず、問題を根本から是正することができなくなる。組織としては末期症状と言っていいだろう。

もう一つ付け加えたいことがある。

それは、村上氏が、「野党がだらしないから自民党が腐敗する。国葬も立憲民主党は執行役員全員欠席と言いながら、元総理で党最高顧問の野田（佳彦）さんは出席だそうだ、国民は何が何だかわからなくなる」と嘆いていたことだ。

確かに、自民党がこれだけ失敗しても野党の支持率は低迷したままだ。

自浄能力を失った自民党を外部から正すはずの野党にその力がないとすれば、ボロボロになった岸田政権でも低空飛行を続け、墜落はしないということになってしまう。

その結果、自民党政治は何も変わらず、国民の政治離れはさらに加速する。そして、岸田政権は国民の支持が低いままにもかかわらずさらに続く。そうなると、ますます国民の政治離れが進み……。

これを「民主主義の危機スパイラル」と言えばいいのだろうか。

第6章

いまこそ再び「改革はするが、戦争はしない」宣言！

6-1 日本の劣化に歯止めをかける三つのステップ

「日本は3年以内に破綻する」と財務省OBは言った

日本がいま、まさに「若者が希望を持てない社会」に堕ちてしまった現実を、これでもかというほど書き連ねてきた。その原因のほとんどは自民党政権の「失われた30年」にある。なかでも日本の凋落を決定づけたのは、〝妖怪の孫〟安倍晋三元首相の長期政権だった。

では、再生の道はあるのか。

私は、さまざまな分野の専門家と話をするが、必ず達する結論は、「もう手遅れだよね」ということだ。どうにかならないかと考えるのだが、結局、いつも、「難しい」ということになってしまう。中には早く破綻してボロボロになった方がいいという人もいる。その方が傷は浅くて済み、その後の復興が早く進むというのだ。そういう事態を想定して、富裕層は、資産の海外移転を進めているし、友人の中には海外移住先を決めている人もいる。

しかし、自分に当てはめて考えると、いま持っている資産を持って海外に逃げたところで、はっきり言って、現地では貧困層に転落したような生活を送ることしかできない。

民主党政権の1ドル80円時代なら、1億円の資産を持っている金持ちは、125万ドルの資産家だった。ミリオネアだ。しかし、現在の135円前後で換算すると74万ドルにしかならない。アメリカに行けば、ラーメン、餃子と飲み物にチップを払えば5000円という物価高が待っている。貯金がない人、あっても数百万円という人はもちろん、海外に逃げることは不可能だ。沈みゆく「日本丸」と運命を共にするしかない。2023年2月に会食したある財務省幹部OBはこう言った。「古賀さん、僕は、本当に3年以内に日本は破綻すると思いますよ。絶対に」。

「絶対に」というところに力が入っていたのが印象的だった。仮に日本経済が破綻するとどうなるか。破綻への経路を予測するのは難しいが、最終的には円と国債の暴落、輸入物価の急騰、海外からのエネルギー、食糧などの供給難だ。自治体財政も破綻し住民サービスが滞る。ギリシャ危機の時に印象に残ったのは、ごみ収集ができなくなりゴミが街にあふれて漂う異臭に住民が悲鳴を上げるていたことだ。もちろん、食料が買えない貧困層には、そんなことよりも生き延びることができるかという緊急事態になる。貧しいもの、弱い立場にいる者ほど、悲惨な状況に陥るのだ。そうだとすると、「諦める」という選択肢は採れない。奇跡に近い困難なことだとしても、何とか破綻を回避して復活できる道を探るべきだということになる。そこで、最終章では、考えられる復活の処方箋を考えるにあたっての基本的な考え方といくつかの主要な分野における具体的提案を示してみたい。

そのためには、まず、第一にこれだけ酷い国になったしまった「現実を直視すること」。次に「過ちを認めること」「過ちを分析して責任をとること」。そして「新しい改革に取り組むこと」の4つがポイントになる。順を追って説明しよう。

日本凋落という現実の直視――もう大国には戻れない

第一のステップは「現実を直視する」こと――。

安倍政権は、現実を覆い隠し、やってる感を演出することに血道を上げてきた。それが功を奏したのか、安倍政権時代は「日本は凄い！」といったテレビ番組や書籍が数多く出ていた。そのため一般の人には日本の凋落ぶりがほとんど伝わっていなかった。客観的に見れば、本書で何度も書いてきたとおり、文字どおり「最後のチャンス」を逃してしまったのが、アベノミクスだったことは明らかだ。しかし安倍政権の情報操作によって、まだそれに気づいていない人がいる。実は、それこそが最大の危機だと言える。

私が特に懸念しているのは、日本人がまだ「大国主義」に毒されているのではないかということだ。例えば、国策プロジェクトだった日の丸ジェットの失敗の原因がこの大国主義にあったことは第3章で指摘したが、２０２３年3月に起きたＨ３ロケットの打ち上げ失敗の構造も日の丸ジェットとまったく同じことに驚く。

打ち上げ失敗の時、マスコミは一日も早い原因究明と次の打ち上げの早期成功を期待するという報じ方をした。そうでなければ日本のロケット産業が世界からますます後れをとってしまうというのだ。その時の日本人の頭の中の構造を推測すると、日本は世界第３位の経済大国で、ロケットのような国の威信がかかり、経済のみならず軍事的にも重要な分野で、世界トップレベルであることは当然だという考えに支配されていたのではないか。

国力が衰え、子育て支援の資金も捻出できない日本が、あれもこれも世界のトップレベルを維持するというのは無理だ。２０２２年10月にもイプシロンロケット6号機の打ち上げに失敗し、年間数十回の打ち上げを行う海外の民間企業にも太刀打ちできないという現実を見ても、本当にこのまま続けるのかと立ち止まって考える議論が出てこなかった。ロケットは米国やフランスなど西側諸国のものを利用し、むしろ、衛星を使ったビジネスなどで世界をリードするという戦略に転換するという新たな発想が出てこないのだ。これが大国主義の深刻な弊害である。

若者が子どもを安心して生み育てられず、人口がどんどん減少して行く状況を直視すれば、日本が大国であり続けようと考えること自体が滑稽でさえある。大国であるためには、責任も伴う。だが、それを引き受ける余力がこの国には残っていない。世界で大国として振る舞い、認められたいという承認欲求は、日本の総理大臣にとっては重要なのかもしれないが、そのために国民生活が犠牲になるとしたら、そんなバカなことはない。

安倍首相が思い描いた東京五輪（実際に行われたのは菅総理の時だったが）もまさにその典型例だ。一時の熱狂が日本国民にとって何の役に立ったのか。海外で開催してもらい、そこで日本選手が活躍する姿を見て感動するということでも国民は十分に幸せになれる。コストパフォーマンスから見れば、はるかに優れた選択だろう。

総理大臣が、世界で特に目立たなくても国民が豊かで安心できる暮らしをできればそれでよいという考え方に転換できるかどうか。それができれば、ビッグプロジェクトに大金を注いで失敗を続け、他の分野への資金供給をできないという状況を変えることができるのだが、そのためには国民の意識改革が必要だ。このままでは、復活の道筋は描けない。

ところが、そんな心配を少し弱めてくれる現象が起き始めた。「安い日本」「海外から買われる日本」といった報道が目立ってきたことだ。コロナで、日本のデジタル化が異常に遅れていることに気づいた人も増えた。いくつかの先端分野で日本の産業が大きく立ち遅れているのではないかということにも日が当たり始めた。これによって、国民がようやく現実を認識し始めたということなら幸いだ。ここが大きな転換期になる可能性を秘めている。とにかく、いまの日本の凋落ぶりをしっかり認識することがすべての始まりだからだ。

過ちを認めることができない自民党安倍派

第二のステップは「過ちを認める」ことである。

特に、アベノミクスは失敗だった――この事実を認めることだ。

日本経済の惨状を招いた原因がアベノミクスの失敗にあることは本書で繰り返し述べてきた。ところが、自民党の政治家たちの間では、「日本経済は確かに悪い。でも新型コロナやウクライナ危機など予期せぬ外的要因があったから仕方ない」という言説がはびこっている。特に、安倍氏が会長を務めていた安倍派（清和会）の政治家たちは、いまだアベノミクスの失敗を認めようとしない。

アベノミクスを主導した日銀の黒田東彦総裁の後継人事の舞台裏を報じた朝日新聞（2023年2月15日）には、見逃せない次のような記述があった。

「安倍派内からは、早くから首相ら官邸側を牽制する声が上がっていた。『日銀総裁人事で間違うと、清和会と政局になりますよ』。昨年11月下旬、岸田首相と会食した安倍派幹部はそう念を押した」。つまり、アベノミクスを否定するような人を日銀総裁に据えるなら安倍派として岸田政権には協力しないと脅しをかけたという話だ。これは、自民党安倍派の国会議員は、日本人の暮らしよりも安倍氏の〝亡霊〟を優先しているという証拠だろう。

新型コロナ禍、そして物価高の原因とされるウクライナ危機は世界各国に影響を与え、日本よりも甚大な被害を受けている国も多い。それによって、日本の経済状況の悪さが目立たなくなってしまった感がある。しかし、米国経済はいち早くコロナ禍の停滞から立ち直り始めた。欧州はまだしばらく時間がかかるだろうが、この苦しい時期でも財政再建やGXを中心とした新たな経済発展の戦略を策定してその実施に入っている。ウクライナ危機が終われば、それらの種から新しい芽が一斉に吹き出すだろう。

だが、日本では、コロナやウクライナへの対症療法はしても、その後の経済復活に向けた大胆な戦略の転換につながる政策が見えない。GX、DX、新しい資本主義と掛け声はかけるが、何一つ期待できそうなものが見当たらないのだ。

その原因はどこにあるのかと突き詰めて行くと、結局、これまでの政策の過ちを認めていないという問題にぶつかる。アベノミクスの失敗を認めてはいけないという制約がかかったままなので、どんな政策も過去の延長線でしかなくなるのだ。

繰り返し述べているとおり、根本治療に進むには、まずは失敗=過ちを認めることから始めることが不可欠だ。だが、この国ほど責任者が過ちを認めようとしない国はない。そこが他の国とは大きく違うところなので、困ったものだ。死者310万人以上を出した太平洋戦争でも戦争指導者は反省をすることなく、敗戦時に大量の公文書を焼却したことが知られている。「敗戦」を「終戦」と言いくるめ、いまなお「あの戦争は悪くなかった」と主張する人がかなりいる。しかし、日本国憲法がよって立つ根本は、あの戦争は間違いだったということだ。その間違いを繰り返さないためにはどうしたらよいかと考えたのが憲法であり、戦後日本政府が堅持してきた「軽武装・国民経済優先」の路線である。これが国のかたちだった。

しかし、いまもなお戦争の間違いを認めることができない政治家がいる。〝保守〟を自称する右翼政治家たちだ。彼らが、安保関連法制や武器輸出、防衛費増額といった政策を強硬に推し進めている。そして、いまや、国のかたちが「重武装・軍事最優先」に変わってしまったということは第1章で述べたとおりである。反省のないところに発展はなく、さらに、同じ失敗を繰り返す運命が待っているのだ。

つい最近も驚くようなことがあった。2023年3月10日にあった黒田日銀総裁（当時）の任期中最後の政策決定会合後の記者会見後の言葉だ。大規模緩和を続けてきたことは「間違っていなかった」と過ちをまったく認めようとせず、金融市場に大きな歪みが生じていることが批判されているのに、「副作用の面よりも金融緩和の経済に対するプラスの効果が、『はるかに』大きかった」と強弁する。中央銀行としては禁じ手の株の買い支え政策について反省しているかと聞かれると、「何の反省もないし、負の遺産だとも思っていない」と傲慢な態度で記者たちを驚かせた。アベノミクスの根幹である異次元の金融緩和について、まったく何の反省もないというのであれば、このまま突き進んでいくことになる。

新総裁の植田和男氏が、いつ前任者の過ちを認めて正しい政策に転換するのか。一方、アベノミクス敗戦を認めない自民党安倍派などがどう圧力をかけるのか。ことは日本の命運に関わる問題だ。一日も早くアベノミクスの失敗＝過ちを認めなければならない。

責任者を退場させる――選挙権を持つ国民の責任

第三のステップは「過ちを分析して責任をとる」ことだ。

現実を直視し、過ちを認めた後に必要なのは、過ちを正しく分析し反省を活かして新しい道を探すことだ。その気持ちがなければ同じことを繰り返すだけだ。そこでは当然ながら、「誰が悪かったのか」という責任の所在を明確にしなければならない。

経済産業省は日本の半導体産業の没落を認め、政策の失敗を少しだけ認めた。しかし、誰も責任を取っていない。にもかかわらず、彼らはそのまま居座りを決め込み、「日の丸半導体の復活」を掲げ、その先導役を担おうとしている。笑い話でしかない。これでは再び同じ失敗を繰り返すのは自明だ。

まず、責任の所在を明らかにして、さらに選手交代をしなければ復活の道はない。

これは経産省など特定の役所や政治家に限った話ではない。政治家を選んだのは我々国民・有権者だ。実は、安倍政治の失敗を認めない自民党の決まり文句がある。２０２３年3月にテレビで発言した世耕弘成自民党参議院幹事長の言葉がその典型だ。「アベノミクスは失敗ではない。もし失敗して経済が悪くなっているんだったら、我々、とっくに選挙に大敗して政権を失っています。安倍政権の間、6回の国政選挙に我々はしっかり勝たせていただいてますし、特に若い人からの支持率が非常に高い」というものだ。日本がダメになってしまった原因は何よりも私たち自身にあることを忘れてはいけない。

安倍氏が亡くなり、その妖術が解けてきたのか、我々はようやく現実を直視して真実が見えるようになってきたかもしれない。そして、安倍政治の過ちに気づくところにようやくたどり着いた。ここからが第3のステップ。責任の所在を明らかにし、選手交代を求める段階だ。その意味するところは政権交代である。ここからがいよいよ正念場と言えるだろう。私たち国民がどこまで覚悟を持って臨めるかが問われている。

6-2 「日本再生」のために改めて「改革」を!

やはり「改革」を実行すべきだ――「古い改革」と「新しい改革」

現実に気づき、過ちを認めて責任の所在を明らかにした後、日本が再生への道を進むためには何かを変えていくしかない。「変えていく」ことをなんという言葉で表現するか。

私はここでもう一度、「改革」という言葉を使いたい。

「改革」という言葉が、いつの間にかネガティブな言葉としてとらえられるようになっているのは百も承知だ。原因をつくったのは、2001年4月から約5年半の長きにわたって続いた小泉純一郎政権だ。自民党は「改革」から最も遠い政党だったが、小泉政権では「自民党をぶっ壊す」というキャッチーなスローガンを掲げ、さまざまな改革に手をつけた。郵政改革、道路公団民営化などが代表的な成果だが、その当時、日本では改革と言えば規制「緩和」と民営化など、官の役割を一方的に小さくすることだととらえられていた。

その一方で、そうした改革を進めれば、貧富の差の拡大、弱者への皺寄せといった負の効果も生じる可能性がある。それを防ぐためには、逆に規制を強めたり、予算を増やしたりして官の役割を強化すべき分野もある。これも社会の仕組みを変えるという意味では「改革」である。しかし当時の「改革」にはこの側面が抜け落ちていた。

そのため、国民、特に野党支持者の間に「改革」と言えば、「弱者切り捨て」「不平等拡大」という負のイメージが広がった。いまでもリベラル野党は「改革」という言葉を避けている感がある。しかし、思い返してみると、2009年に政権交代を果たした民主党の最大のテーマも「改革」だったはずだ。当時、民主党政権が掲げた「官僚政治の打破」「政治主導」というのはまさに「改革」にほかならない。だが、国民から多くの支持を集めたにもかかわらず、政権運営に失敗するといつしか「改革」という言葉を使わなくなった。その言葉を口にすることを恐れているようにすら感じる。

そこで、私は「改革」という言葉をもう一度定義することから始めたい。「古い改革」（悪い改革）に対して、「新しい改革」を提示するという意味だ。

「古い改革」とは、経済効率のみを重視する改革だ。小泉政権時代の改革の多くはその典型だった。経団連の要望を実現するために既存の仕組みを変えていくというものが中心で、それはまさに効率一辺倒の改革である。大企業の都合に合わせて規制を緩和したり、ルール整備をしたりしたので、弱者が犠牲となって不公平も放置された。これが古い改革の正体だ。実は日本維新の会が標榜する「改革」もこの古いタイプの改革である。

ただし、経済効率重視の規制緩和のすべてが不要になったかというと、まったく違う。効率重視でありながら、まだまだ改革が不十分なものもある。例えば、電力システム改革はその代表だ。また、自民党の強力な支持組織である農協の改革もその典型だ。減反廃止も形だけで終わって、コメの生産は減少を続けている。現在の農政は、競争を排して政治的な圧力で農産品の価格を維持したり、農家を補助金漬けにして競争力を逆に失わせたりするようなやり方で、「健全」からはほど遠い。農業への企業の参入をさらに拡大して競争力強化と国際化に向けた抜本的改革が必要だ。こうした改革は「古い改革」であっても、断固実行していくべきなのだ。

こうして「古い改革」の中でもやるべきことを選別しつつ、「新しい改革」に切り込むべきだと考える。

「人にやさしい」改革を断行すべき――「効率より公正を重視」

では、私が提唱する「新しい改革」とは、どういうものか。

一言で言うと、「効率よりも公正を重視」する改革である。そのキーワードは「人にやさしい」「自然にやさしい」「不公正に厳しい」という3つの哲学だ。「二つのやさしいと一つの厳しい」改革だと言ってもいい。

「人にやさしい」というのは「企業より個人」を重視するという意味でもある。

これまでの日本は、「企業を助けることによって個人も助かる」という考えが主流だったため、改革も「企業にやさしい改革」になりがちだった。まさに安倍元首相が施政方針演説で繰り返し語った「世界で一番、企業が活躍しやすい国」という立場だ。ただし、安倍氏は、企業優先であるということは隠したまま、我々国民に対して「今年より来年、来年より再来年と、皆さんの所得を大きく増やしていく」と、すぐにも給料が上がるかのような口約束をした。しかし、実際には賃金が上がらない。生産性が上がらないからだ。

だからまずは企業の生産性を上げるために補助金を与え、企業の税金を負けてやるという政策だけを続けた。我々国民は、企業が史上最高益を更新するというニュースを毎年聞きながら、もうすぐ自分たちにもお鉢が回って来ると期待し続けた。企業のおこぼれが労働者や市民に滴り落ちてくる、いわゆる「トリクルダウン」という言葉もよく聞かされてきた。しかし、安倍政治が終わって振り返ると、過去30年間、先進国で賃金が上がらなかったのは日本だけだと聞かされて、ようやく国民は「騙された」と気づいた。

岸田文雄首相はこれについて、「この30年間、企業収益が伸びても期待されたほどに賃金は伸びず、想定されたトリクルダウンは起きなかった」と述べ、アベノミクスの失敗をあっけらかんと認めた。私は呆れてものも言えなかった。安倍氏が掲げた「改革」はまさに企業の利益だけを目指した古い改革だった。国民のことなどまるで眼中になかったのだ。

これに対して、「新しい改革」では企業を助けるのではなく、個人を直接助けるという発想に転換する。北欧型の個人を中心とした「人にやさしい社会」に向けた改革だ。

その代表例が「働き方の改革」である。そう言うと、安倍政権で進められた「働き方改革」を思い出す人も少なくないと思うが、安倍氏の働き方改革とは、あくまで企業側、経団連側の要望を受けてのものだった。

安倍政権下の2018年6月29日、働き方改革関連法が参議院本会議で強行採決されて可決・成立した。建前としては長時間労働の抑制と労働者に希望に沿った多様な働き方を提供するというもので、「一億総活躍社会」の目玉とされていたが、経済界の真の狙いは労働規制の緩和にあった。具体的には裁量労働制や高度プロフェッショナル制の導入による労働時間規制の骨抜きである。法改正が労働問題を扱う厚生労働省ではなく、経済界サイドに立つ経済産業省の主導で行われたことが何よりの証拠である。

労働者のためにと言いながら、1日の勤務終了から次の勤務スタートまでの間に一定時間を空けることを義務付けるインターバル規制の導入は見送られた。残業手当の割増率が先進国の中では圧倒的に低い水準であることも放置されたままだ。関連法成立によって23年4月から中小企業も含めて60時間を超える時間外労働の割増率が50%以上に引き上げられるが、不十分だ。60時間の制限を設けず最初から50％増し、深夜や休日は１００％にするなどの方策が必要だ。そうすれば残業の常態化を大幅に減らすことができるはずだ。

つまり、「人にやさしい働き方改革」とは、労働規制の緩和ではなく、働く人が人間らしい暮らしを維持するための規制を入れていく「規制強化」ということなのだ。それに耐えられない企業は潰れ、労働条件の良い環境を整えることができた企業しか生き残れない。潰れた会社の社員は、残った優良な会社に転職するか、すぐに転職できなかった人は手厚い失業保険を受け取りながらリスキリング（学び直し）してキャリアアップを図る。

これが、「人にやさしい働き方改革」である――。

ところが、〝妖怪の孫〟の呪縛から抜けられない現政権が向かっているのは、それとはまったく違う方向だ。第4章でも述べたとおり、岸田首相は国会でも「リスキリング」という言葉を多用しているが、これは労働者からの要請ではなく、安倍政権同様、企業側からの要請によるものなのだ。本来のリスキリングは労働者がスキルアップしてより労働条件が良い職に就くことを支援するというものだが、いま語られているリスキリングとは、あくまでも企業の都合によるリスキリングである。企業はデキのよい社員は囲い込み、そうでない社員は追い出したいと考える。これまでは正社員の解雇には高いハードルがあったが、それを緩和したいのだ。最も代表的なのが金銭補償による解雇である。

要は、手切れ金を払ってクビにするということだ。その必要性について、表向きは、「いまいる会社で力を発揮できていない人が、新たな職に移って活躍を目指すため」などといかにも労働者のためだと装っているが、審議会の議論などを見ると、解雇が事実上厳しく規制されていることで、企業内の人材の新陳代謝が停滞するのが問題だとか、企業が存続していくうえで有用だとか、企業の生産性向上のためというような企業側の利益を優先する考えが支配している。解雇が容易になれば、多くの労働者が企業から放り出されることになる。そういう労働者を政府負担のリスキリングで、人材が不足している分野に適した労働力に「加工して」供給しようという意図も感じられる。

経団連が喜びそうな話だ。ただし、これをいきなり切り出すと、社会から強い拒絶反応が出る。逆に不当解雇が横行している現状に対して、もっと金銭賠償額を引き上げろという声が高まる可能性もある。それを避けながら進めようというのが経団連側の意向である。あまりに虫のいい話なので、すぐに政府としての提案ができる状況にはならないかもしれない。それにしても、驚くほどの企業優先の考え方だ。「人にやさしい」の正反対である。

欧米先進国では一生のうちに2〜3回は転職するのが当たり前だ。一時的に失業状態になるが、その時間を使って本格的なスキルアップを図る。よりよい職を得るための必要なステップである。第3章でも述べたとおり、特に北欧諸国では、失業という言葉に日本ほどの暗いイメージはない。失業してもスキルアップのために大学に通いたければ無料で通えて、失業保険で生活できる。そのくらいのことを日本でも当然のこととしてやらなければならない。それが「人にやさしい改革」である。

恥ずかしい日本の「ジェンダーギャップ」

「人にやさしい改革」のもう一つ重要なテーマは、ジェンダーギャップの解消だ。日本の現状の悲惨さは世界にも知れわたり、イギリスBBC放送では、「日本は世界3位の経済大国だが、ジェンダーギャップ指数では散々な結果を残している。146カ国中116位。女性が首相になったことはなく、現在の内閣には女性はたった2人しかいない」と異例の厳しい調子で伝えている。確かに先進国とは言えない恥ずかしいレベルだ。特に、政治や企業の分野では著しく格差が大きく順位はさらに下がる。

最近は、少子高齢化を解消するために格差是正をという論調が強い気がする。しかし、それではこの問題が矮小化されてしまう。格差是正にどんな利益があるかよりも、格差があること自体が、憲法第14条が保障する男女平等の原則に反する人権問題だと考えるべきだ。日本の現状は実質的には違憲状態であり、一刻も早い解消が求められている。

ジェンダーギャップに関してやるべきことはたくさんあるが、やはり政治における女性の地位を高めなければ必要な制度改正が実現できない。かなり強力な改革が必要だ。

2023年3月8日の女性の日を前に、スペインでジェンダー平等法案が閣議決定された。これはEU指令に沿うもので、加盟国は続々と制度改正を打ち出している。

スペインについては、かねてより私自身関心を持っていたのだが、国営放送のTVEを見ていると、とにかくニュースに出てくる有力政治家に女性が多いのに驚かされる。サンチェス政権では23人の閣僚のうち、14人（61％）が女性だ。4人の副首相のうち3人が女性、財務相や国防相などの主要閣僚も女性だ。新法案では「男性と女性がそれぞれ首相、副首相を含む全閣僚のうち、少なくとも40％を占めなければならない」。男性閣僚の比率は39％だから、法律施行後は1名の女性閣僚を男性に変えなければならなくなる。

内閣だけでなく、上場企業の取締役会や業界団体の意思決定機関などにもこのクオータ制が義務化される。さらに、国・州・市町村および欧州議会選挙での各政党の候補者数の「男女同数義務化」法案も準備中だと報じられた。日本に比べると夢のような話だ。いきなりそこまでいくのは無理だと最初から諦める声も聞こえてくる。だが、内閣の閣僚と国会議員の比例候補の男女同数の「義務化」くらいはできるのではないか。

そう言うと、すぐに人材がいないという話になるが、日本では大臣の半数未満までなら民間人を登用できる。これまでの自民党の大臣たちがどれだけ「優秀」だったのかを思い出してほしい。それよりずっと有能な女性はいくらでも見つかるはずだ。それくらいのことをやらないと日本はますます世界から取り残されることになるだろう。

もう一つ、個別の政策ではないが、予算のプライオリティづけを行う際も「人にやさしい改革」の視点は重要だ。DX・GXなどの夢のあるお題目を唱えながら企業向けの補助金・助成金の大盤振る舞いが行われる。これも人より企業が優先になっているのではないか。さらに、自民党は、安倍政権以降「人々の暮らしよりも戦争できる国づくり」を優先する政治に舵を切ってきた。岸田政権は、大胆にそれを新しい日本の国のかたちとしてしまったことは第1章で述べたとおりである。こう言うと、いやいや、国家の安全を守らなければ国民の幸せが破壊される、軍備を整えることはどこの国でも行われることであり、むしろ日本が普通の国になるだけだ、と自民党政治家は反論してくる。

だが、普通の国とはどんな国なのか。単に米国をまねているだけなのではないか。米国は先進国の中では、軍事優先、企業優先が突出した異常な国である。その結果、一般庶民は決して幸せには見えない。普通の国というなら、先進国の多数派である欧州諸国をこそ普通の国と呼ぶべきだろう。彼らのように「人にやさしい国」になるためには、国民生活に直接関わる子育て支援・教育や社会保障の予算の増額を後回しにするこれまでのやり方を「改革」していくことこそが、これからの大きな課題だ。それができてこそ、国民から見て、真に守るべき国家だということになるのではないか。

国民は、これまでの政府による「人にやさしくない」政策にもっと怒るべきだ。

自然にやさしい改革を

次に必要なのが、「自然にやさしい改革」である。「環境にやさしい」「地球にやさしい」と言ってもいい。「自然にやさしい」政策は経済界の反対が強く、なかなか進んでこなかった。自然や環境を守るための規制をすると企業が困る。企業が困ればそこで働く人も困ることになるというのが理由だ。本当にそうだろうか？　私はむしろ自然や環境にやさしい政策を推進することこそが経済成長の種になると考えている。

例えば、かつてアメリカでマスキー法と呼ばれる排ガス規制強化法が成立した際の日本の対応について、第4章で例示した。規制強化をバネにして、日本車は大躍進した。自然にやさしい（企業に厳しい）基準をまず設け、それに適応するための技術革新（イノベーション）が生まれた典型例である。

日本では、水俣病のような酷い公害が発生した時には環境問題に関心が向き、規制を入れなければという機運が高まる。マスキー法の時もオイルショックの時も外的ショックが契機になった。しかし、1990年代を過ぎると、省エネ基準や環境規制強化の動きが鈍り、現在ではEUにはるかに後れをとる状況である。有事が起こらないと自発的に変えようとしない国なのだ。

自然よりも企業優先ということでは、電気自動車（EV）の推進が遅れてしまったことも、その典型例である。トヨタの都合に合わせてハイブリッド車やガソリン車が不利にならないようにEV推進政策を抑制してきたことは、第3章で詳しく解説したとおりだ。脱炭素と言いながら、結果的には、まったく真逆の効果が生じた。

こうした状況を反映して、主要先進国の中でも日本は環境規制が遅れているというイメージが定着し始めた。その最も有名な事例が、2020年から3年連続の「化石賞」受賞である。「化石賞」は、環境NGOのCAN（Climate Action Network）が、気候変動対策に足を引っ張った国に対して与える賞で、受賞は極めて不名誉なことである。

1990年代であれば、日本がこんな賞を受けることなど考えられなかった。安倍政権をはじめとする歴代自民党政権が企業優先の姿勢に終始し、いかに環境問題に後ろ向きだったかの証拠でもある。「自然にやさしい改革」を進めるということは、トヨタに配慮した政策を大転換して、EV拡大に思い切り舵を切るということだ。

電力会社最優先！　日本の原発政策

「自然にやさしい」という意味では、原発も避けられない大きなテーマだ。

自民党政権は、電力会社の都合を優先して、原発維持のために再生可能エネルギーの拡大を抑制した。その結果、第2章で述べたとおり、太陽光や風力など日本が世界をリードしてきた産業が潰れ、新たな成長産業の芽を摘んでしまった。

さらに、原発から出る核のごみの問題も電力会社の要望どおり、まったくまじめに議論さないまま放置されている。にもかかわらず、核のごみ問題はなかったかのように原発の再稼働や運転期間の延長、新増設の話だけが進むという驚くべき状況だ。それに対する危機感が国民の間にまるでないのもまた危機である。

原発の運転期間の延長を決めた政府のGX実行会議でも、核のごみの話はまったく出ていない。政府関係者の頭の中はいったいどうなっているのだろう。

ドイツが10年前になぜ脱原発に舵を切ったのかというと、福島の原発事故以前から議論があって、最終的に核のごみ問題が解決できないとわかったからだった。ドイツは日本と比べて地震が少ない国なので、安全性の問題は解決できると考えていた。だが、核のごみの問題は無理だとわかった。そこで、原発のごみ問題を将来世代に残すというのは倫理的に許されないということをはっきり言ってやめたのだ。

2012年にドイツの大統領が訪日した際に日独賢人会議というものが開かれ、私も日本を代表する5人の一人として参加した。その際、大統領は、「日本は自然を大切にし、自然とともに生きる民族だというイメージを持っていた。石ころ一つにも魂が宿ると考える素晴らしい国だ。その日本が原発事故を経て自然エネルギーに舵を切ると思ったら、また原発に戻るというのは意外だった」という趣旨の発言をしたのが印象的だった。

2022年12月に核のごみ問題について関係閣僚会議が開かれたが、その会議の開催が何と5年ぶりだと聞いてびっくりしてしまった。これは、ドイツで厳しく批判された将来世代への付け回しであり、「自然にやさしい」とは正反対の状況なのだ。

もう一つだけ重要な分野を挙げておこう。

プラスチックゴミ対策だ。世界の海で深刻なプラゴミ汚染が進んでいることは、欧米諸国では非常に強い関心を呼んでいる。しかし、日本では国民の意識が遅れているため規制が非常に緩いままだ。G7でも批判されている。一日も早く対策の強化に乗り出すべきだ。

以上のような日本の遅れた状況を変えるためには、エネルギー政策、環境政策の大転換が必要だ。それは一見企業に厳しいように見えるが、地方中心に再エネ産業が復活すれば地方創生にも大きく貢献するし、規制強化をテコに新たな成長産業を育て、結果的にはビジネスチャンスも拡大する。「自然にやさしい改革」は、経済成長にも資するのである。

6-3 「不公正に厳しい改革」の提言

政治家の不正を許してはならない

三つ目のキーワードは「不公正に厳しい社会」の実現である。

これこそが、いまの日本には大きく欠けている点だ。

なにせ政府自体が公文書を改ざんするような国である。ここで一旦立ち止まり、公正であることの価値をもう一度見つめ直すべきだと思う。

中でも一刻も早く改革しなければならないのが、政治資金の問題だ。政治資金規正法は明らかにザル法で機能していない。何よりも罰則が非常にぬるいので、よほどのことをやらないと罰金刑で終わりになってしまう。自民党衆議院議員だった薗浦健太郎氏が4000万円もの裏金を作っていたことが明らかになった。だが、本人が認めて辞職したら略式起訴で終わりであった。しかも、自ら辞職して捜査にも協力したということで原則5年間の公民権停止期間を3年に短縮してもらうというおまけもついた。

政治資金収支報告書の単純記載ミスではない。薗浦氏のようなケースでは、やり得ということになる。政治資金規正法違反は原則実刑になる厳しい罰則強化を行うべきだ。刑が軽いために、時効が短くなっているのも問題だ。悪質な政治資金規正法違反については特別に時効を20年程度に伸ばすべきだ。さらに公民権停止も期間延長が必要だろう。これをやったら政治家として一発アウトだという認識を持たせることが重要だ。

企業団体献金のあり方もおかしい。自民党は毎年、経団連から多額の献金をもらっていて、他の野党とは明らかに土俵が違う状態が続いている。もともと政党助成金を導入する際、前提として企業献金は原則禁止にする約束だったはずだ。ところが、禁止されたのは政治家個人に対する献金だけで、政治家が所属する政党などへの献金はOKとなった。

その結果、経団連や大企業から自民党への献金が続くことになったのだ。これは国が認めた贈収賄の仕組みだ。経団連や大企業は政権与党の自民党に多額の献金を与えることで自分たちに都合のいい政策をやってくれと言っているようなものだからだ。献金と個々の政策との関連性があいまいだから立件されないだけで、政権の方針は全体的に大企業優遇政策だ。実態は贈収賄とまったく同じ。企業献金をなくさない限り「企業より人にやさしい」「企業より自然にやさしい」政治は実現できない。

DXとマイナンバーで政治資金不正を糺(ただ)す

現在の日本を覆う政治の不公正を正すために絶対に欠かせないのが、政治資金収支報告書のデジタル化だ。政治家、政治団体の口座、資産はすべてマイナンバーとリンクさせる。政治団体には法人番号を当てて、すべてキャッシュレス（デジタル）でのやり取りとし、その請求書等を毎月ネットで開示する。そうすれば、誰もがすぐに政治家や政党、政治団体のカネの動きを、ネットを通じてチェックすることが可能になる。

現状では、政治資金収支報告書が発表されるのは次の年の11月で、それまでカネの動きがわからない。デジタル化が実現すれば、ほとんどリアルタイムで公表可能になる。毎月では煩雑過ぎるということであれば、四半期ごとでも、入出金記録をそのままネットで出すということにする。関心を持った一般国民も調べてくれるので不正がやりにくくなる。

薗浦氏が裏金作りに使ったパーティー券も全部デジタルで管理するようになれば、不正が難しくなる。アナログの世界は不公正の温床だ。それをいいことに、権力側は自分たちばかりが有利になる仕組みを作ってきた。それを徹底的に改善し、むしろ弱い立場にある者が武器として使えるように仕組みを変えるべきである。これこそ弱者のためのＤＸだ。

不公正の是正は政治資金問題に留（とど）まらない。

例えば、年収２０００万円以上あるいは資産1億円以上など一定のところで線を引いて、該当する人は全員マイナンバーで預金、証券の口座や不動産、ゴルフ会員権、リゾート会員権なども含めて全部紐づけるようにするといい。資金移動の補足がやりやすくなり、脱税防止につながる。

マイナンバー制度には批判的な声も少なくないのは承知している。国民全員に番号をつけることで国家が国民を管理（監視）するために使われる恐れがあるからという理由だ。確かにこの言い分には一理ある。

例えば、岸田政権はＤＸと称して健康保険証をマイナンバーに紐づけることを事実上義務化しようとしている。しかし、第4章で述べたとおり、その一方で電子カルテ化は進んでいない。自民党の有力支持組織である日本医師会が抵抗しているからだ。自民党の支持層に都合の悪い改革には後ろ向きだということがよくわかる例である。

デジタル社会の実現は本来、公正な社会実現への第一歩だ。政治家が政治資金収支報告のデジタル化に後ろ向きだったり、医師会が電子カルテ化に抵抗していることが、何よりの証拠である。デジタル化によって、こうした〝抵抗勢力〟内のカネの動きを可視化して、誰でも監視できるようにすべきなのだ。そういうポジティブな姿勢を政府が国民に理解してもらわなければならない。言葉を変えれば、「公正のため」という姿勢をはっきりさせるということである。

もう一つだけ例を挙げておきたい。金持ち優遇税制の改革だ。

数ある金持ち優遇政策の中でも真っ先に手をつけなければならないのが金融所得課税である。金融所得課税とは、株の売買による儲けや配当など金融商品から得た所得に対する課税のことで、税率が所得にかかわらず一律20％となっている。そのため、金融資産を多く持っている人（つまり金持ち）ほど所得税負担率が軽くなるのだ。その分岐点となるのがいわゆる「1億円の壁」で、年間所得が1億円を超える富裕層ほど総合的に見た所得税率が漸減するという現象が起きている。この仕組みを正しく理解すれば、これほど不公正な話があるか、と普通の国民は感じるだろう。岸田首相も総裁選の時には「1億円の壁を打ち破る」と高らかに宣言していた。金融所得の分離課税から総合課税への転換だ。

私は、岸田氏には日本を変える気があるのかもしれないと一瞬騙されかけた。しかし、経団連にすこぶる評判が悪かったことから、首相になった瞬間にそのことを一切口にしなくなった。代わりに用意したのが所得30億円以上の人は税率を上げるということだった。そんな人はいったい何人いるのか。馬鹿にするなと言いたい。この税制改革を実施すると株価が下がるというが、それは一時的なものだ。これは、「不公正に厳しい改革」の中でも優先的に実施すべき最重要改革案の一つである。

働き方改革の是正は不公正の是正と民主主義復活に貢献する

不公正を是正するために重要なのが、「人にやさしい改革」の中で取り上げた働き方改革だ。実は、それが民主主義の成熟度を高めるうえで非常に重要な役割を果たすはずだということを解説しよう。ポイントは、働き方改革により、「民主主義を守るための活動時間」が確保できるということだ。

日本の労働時間は長く、有給休暇の取得率も低い。そのため一般市民は家事に使う時間さえ満足に取れないほどだ。ましてや、社会と関わる時間などあるはずがない。そうした時間があるのは退職後の高齢者ばかりということになる。そのため、さまざまな社会運動が低調で、高齢者中心になる傾向がある。

例えば、普通の先進国では活発な消費者運動や環境保護運動が弱い。政治活動も低調である。その最大の理由は忙しくてそれどころではないからだと思う。

消費者団体が弱ければ企業はやりたい放題となり、環境団体が弱ければ企業の環境保護への取り組みは進みにくい。また、日本では労働運動も非常に弱い。

一方、その状況を放置すると消費者問題、環境問題、労働問題は放置され、弱い立場にある人たちが食いものにされる。政府がそれを完全に放置すれば支持率が下がるから、政府の方が逆にそれらの分野で弱者のための政策を推進するというややねじれた関係ができる。

結果的に、これらの分野では圧倒的に政府のほうが強く、国民の側は政府にお願いするという関係になってしまった。しかし、政府に委ねる限り消費者政策も環境政策も労働政策も基本的に政府の都合に合わせてしか推進されない。

特に、自民党政権下では国民のためになる政策は企業のための政策より重視されず、社会の不公正も正されないままになってきた。それを変えるために、働き方改革で市民に時間的ゆとりを与え、市民活動を盛り上げることが非常に重要なのだ。

国民のための行政を取り戻すために弱小官庁の抜本的強化を

一方、市民活動を盛り上げるだけでなく、政府の中で彼らの声をくみ取り、それを政策に反映する部局を強化していくことも重要だ。霞が関では国民目線(めせん)の政策を進める官庁は、伝統的に日陰者扱いされてきた。その悪しき慣行を正すべきである。

例えば、消費者庁の権限を組織体制とともに抜本的に強化するのはもちろん、公正取引委員会の体制強化も必須である。サービス残業や不当労働行為を厳しく取り締まるためには、労働基準監督署の抜本的強化も重要だ。児童養護施設や児童相談所など、子供たちを守る組織も最優先で強化すべきである。そうした国民生活に近い分野での行政機構の強化もまた公正な社会実現のための改革なのだ。こうした改革を経団連が嫌うことは間違いない。だからこそ大事な改革と言えるかもしれない。

また、第2章で述べたとおり、電力・ガス取引監視等委員会が経産省の子会社になっている現状を変えるために、新たな第三者機関を作るか規制権限の大部分を公正取引委員会に移すということもまた不公正を正すための改革である。

さらに大きな問題は、原子力規制委員会とその事務局である原子力規制庁の改革だ。こちらも経産省の子会社化が進み、委員長も事務局も経産省の指示どおりに動く操り人形になってしまった。改めて２０１１年3月11日の初心に帰り、経産省からの実質的な意味での完全切り離しと独立性確保の方策を考えなければならない。

もう一つ、公正な社会の実現のために必要なのが、内部告発の活性化だ。

欧米先進国では、組織の不正を告発した内部告発者保護のシステムが早くから発達していた。日本は諸外国にかなり後れて２００４年に公益通報者保護法が初めてできた。企業などの内部告発を行った労働者を保護する法律だ。21年には法改正があり、企業の内部告発者探しを禁止するなど強化されたものの、まだまだ手ぬるい。

内部告発者の保護と同様に、告発システムの整備も遅れている。

そもそも日本はアメリカに比べて個人が組織に埋没している。いまはＳＮＳの発達によって以前に比べて内部告発の環境はマシになったが、それでも一個人が組織の不正を告発するにはハードルは高い。

２０２３年３月には放送法の解釈をめぐる総務省の内部文書が立憲民主党の小西洋之参議院議員に渡り、国会で取り上げられた。

その文書を高市早苗経済安全保障担当相が「捏造だ」と発言し、そうでなかったら辞職すると述べたことで大騒ぎになった。なぜ、内部文書は野党議員の手に渡ったのか。実は、中央官庁や地方自治体、警察など公的機関の内部告発受付部署は大臣官房の中にあり、告発を握り潰そうとする人たちがその幹部として支配している。そんなところにのこのこと告発しに行く者はほとんどいないからだ。

多くの場合は、野党議員やマスコミに通報するということになるが、それにも抵抗感はある。野党議員は、ともすれば政争の具として使おうとすることが多く、マスコミも最近は政権と通じていて、担当記者はまじめでもキャップ以上に情報が上がると、官邸や各省の官房長などに逆に洩れる可能性もある。それを警戒する官僚も増えている。

これを解決するには日弁連（日本弁護士連合会）など信頼できる外部組織に正式な告発

の窓口を置くなどして、内部告発しやすい制度を早急に整備するしかないだろう。

もちろん、弁護士会がしっかり対応できるように、政府が委託費を支払うことが必要だ。支出する金額以上に有益な情報がもたらされるのは確実だと思う。

予算の使い方を適正化すれば「増税＝悪」とは限らない

こうした「改革」を同時並行的に進めながら、「税の集め方」と「予算の使い方」についても抜本的に見直すことが急務だ。

国の収入である税金については、財源確保の観点からの増税論と自由主義的な減税論が常にある。消費税を増税すべきと主張する人、ただちに廃止すべきと主張する人までさまざまだ。

私は税金については無駄に取る必要はないが、必要な税金は適切に徴収するべきだと考えている。とりわけ、崖っぷちにある日本の財政状況を考えれば、経済状況を見ながら増税も真剣に考えなければならない。ただし、金融所得課税のところで述べたとおり、税金の取り方にはさらなる公正さを求められる。

そして、増税には大前提がある。

取った税金は国民のために使うということだ。そんなこと当たり前だと誰もが思うだろうが、本当に現在の「使い方」が国民のためという基準に沿っているのかと言えば、大きな疑問符がつく状況だ。そのことは、人にやさしい改革のところでも触れた。

日本人は納税者（タックスペイヤー）意識が低いとよく言われる。特に、増税には反対するのに、一旦それが決まって税金を取られ始めると一気に関心が薄れる。税金を払ったら終わりで、その後のことにあまり頓着しない。だが実は、国民にとって何より重要なのが、税金の使われ方なのである。

国家運営の根幹は、税の使い方にあるといっても過言ではない。

具体的には集めた税金の使い道に優先順位（プライオリティ）をつけることだ。ここに、国家の意思、政権の意思が反映される。本来はここに、国民の意思が反映されなければならない。それこそ、民主主義の基本中の基本である。

だが、現実には一般国民の生活よりも大企業が優先される仕組みになっている。特に安倍政権以降はこれが顕著だ。繰り返しになるが「世界で一番、企業が活躍しやすい社会」をそのまま実現しようとしてきた。さらに今日では、企業のためという以外に軍拡のためという大目標が最優先課題に格上げされた。国民生活はまさに二の次三の次とどんどん優先順位が下がっている。

第1章で述べたとおり、岸田政権は防衛費増額の財源探しに必死で、少しでも見つかればそれをすべて防衛費に回すと宣言している。しかし、コロナ禍で疲弊し、さらにエネルギー価格の急騰を含め異常なインフレで生活苦に陥っている大多数の国民から見れば、ちょっと待ってくれ、新たな財源があれば、もっと私たちのために使ってくれと言いたくなるはずだ。その方がはるかに緊急度が高い。それでも防衛費を優先するのは異常な事態だ。

これを解決するにはまず、国民がタックスペイヤー意識をしっかりと持ち、税金の使われ方を監視して、投票行動に反映させるしかない。

例えば、北欧やフランスなど欧州諸国では税金と社会保険料を合わせた国民負担率が50%どころか65%を超えるところもある。消費税も欧州では20%超の国が多い。しかし、これらの諸国のうち、特に北欧では、個人に対する手厚い社会保障が整っており、国民の幸福度も高い。納得感があるので当然ながら納税に対する意識も高まる。税金を「取られる」のではなく、文字どおり「納める」あるいは「預ける」という感覚だ。国民負担率が高くても、預けたお金は必ず還元されると考えているから、それほど負担に感じない。

だが、日本人の多くは納得感がないので、税金は「取られる」ものだと思っている。そして、取られたものだからそれはその時点で失ったものという感覚なのか、使い方に非常に無頓着になっているのだ。

日本を憂うるなら文句なしで最優先に進めるべき改革とは

改革すべきことが山ほどある中で、日本の凋落を何とか止めるために一番急いで進めるべきことは何か。

ウクライナ危機を契機に、明日は台湾有事、北朝鮮ミサイル、さらにはロシアが！　などと叫ぶ声が聞こえてくる。またエネルギー危機で電力不足、料金値上げの話が出ると、今度は原発推進が喫緊の課題だという声も広がる。しかし、これだけは断言できる。そんなことは些末なことだ。少子化対策に比べれば、と。

百歩譲って、軍拡が重要課題だとしても、戦争で戦う兵士がいなければ話にならない。原発推進と言っても、それを担う優秀な技術者がいなければ、どうにもならない。産業の競争力復活のためにイノベーションだと言っても、それを担う若者がいるのか。団塊の世代が後期高齢者となり、飛躍的に増える要介護者のケアを誰がするのか。何とかしたくてもどうにもならない。

なぜなら、これから少子化対策に力を入れても出生数が増加に転じるのには何十年かかるかわからないからだ。出生率が少しくらい上がっても、母数である子どもを産む世代の女性の数が大きく減少しているので、計算すればはっきりしている。

ではどうするのか。

私は、日本もついに移民の受け入れ政策をとるべき時がきたのではないかと考えるに至った。これまでは、一般的な日本人の気持ちがまだそれに対応できるほど成熟していないという思いもあり、移民を本格的に受け入れるのは難しいのではと考えていた。

しかし、高齢者施設などでは多くの外国人が介護人材として活躍している。入居者の評判も概して良い。日本人が受け入れられないと考えるのは偏見だったのかもしれない。

さらに、2023年2月に明るみに出た東京都八王子市滝山病院での虐待事件で、私の考えはさらに確信に近づいた。高齢者が増えると普通の介護の需要が増えるだけではない。重度の認知症患者もそれに比例して増える。徘徊をはじめ、一般家庭で介護するのは難しい症状の人が増え、さらに滝山病院の患者さんのように人工透析や特殊な医療サービスが必要という人も増える。滝山病院で虐待した看護師たちは許されるべきではないが、仮に滝山病院を閉鎖した時に患者たちを受け入れる病院があるのかというと、かなり難しい。

これは天下の先進都市東京で起きた事件だ。関係者は薄々危ないと気づいていたのではないか。そこに政治的な介入があったのではないかなど検証すべきことは多いが、突き詰めていくと、日本ですべての人に人間らしい生活を保障するには、これから圧倒的人手不足という問題の解決が大きな課題だ。親しい精神科医の友人が教えてくれたことだが、コロナ禍で精神病院に入院していた患者さんたちは、一般の患者さんとはまったく異なる劣悪な環境の中で放置されていたという。これは高齢者施設でも起こり得ることであり、差別以外のなにものでもない。

今後、社会の高齢化問題がさらに深刻化することは明白だ。2025年問題という言葉も使い古された言葉になったが、2025年に約800万人に及ぶ「団塊の世代」が75歳以上の後期高齢者になり、65歳以上の高齢者は国民の約30％を占めることになる。

厚労省は、2040年にはいまよりも69万人多くの介護人材が必要になるとしっかり計算している。IT人材も不足しているし、教員も、看護師も不足している。イノベーションのために博士号取得者も増やさなければと言われている。自衛隊員も既に定員割れで足りない。

そして出生数は2022年についに80万人を切った。予想よりはるかに速いスピードだ。

労働力人口も減少の一途だ。誰がどう考えても、もうどうにもならないことはわかるのではないだろうか。

にもかかわらず、各省庁は縦割りで、それぞれの分野ごとに人手不足対策を講じて人材を確保するという絵を描いている。だが、そんな絵空事が通用するはずがない。人材が何万人不足するという計算はあっても、それをどう手当てするのかという具体策がまったくない。日本人が大好きな血と汗と涙の根性物語で解決できるとでも考えているのだろうか。

これほど明白な危機を目の当たりにしても、いまだに移民政策の導入の議論は始まっていない。

安倍元首相を支持していた岩盤右翼層は差別主義者も多く、外国人の受け入れには消極的だと考えられる。妖怪に支配された自民党政権では、追いつめられてから議論を始めるのに5年、結論を出すのに5年、実施までに2年くらいかかるだろうか。そもそも第2章で書いたとおり若者エクソダスが始まっている。それを止める術もない。しっかりとした移民政策を整備せずに、現在のような外国人使い捨ての差別的搾取を温存したままでは、本当に追い詰められた時にはどこからも移民は来てくれないということになりかねない。

そう考えると、難民（移民ではない）の受け入れをいますぐ飛躍的に拡大してはどうかというアイデアも浮かぶ。

シリア難民が大量に欧州に流入し始めた時、いち早く受け入れを表明したドイツは最も優秀な人材を大量に導入することに成功した。反対運動が起きてもなおメルケル首相が移民受け入れを止めなかったのは、自動車業界などから難民受け入れを強く求められたからだ。人道主義と言いながら、実際には国内の人材確保策にも利用していたのだ。

日本は難民受け入れ数が桁違いに少ないことが国連などから批判されてきた。だが、過去にはベトナムからボートピープルを受け入れた実績もある。当時の難民たちは、いまは日本に根を下ろし、それぞれの地域社会で活躍している。日本人も外国人と共生する術を見出すことができるということを示しているのではないか。

こう述べると、難民の受け入れ拡大とともに、本格的な移民受け入れ政策を早急に立ち上げるべきだという考えに賛同する人もかなりいるかもしれない。もしダメだと言うなら、代替策を教えてほしい。よい知恵があればもちろん検討すべきだと思っている。

ところで、岸田首相は、「異次元の少子化対策」として表向きは子ども・子育て関連予算を倍増すると言っている。

だが、いつまでの話なのか、何をどう倍増するのかもわからないといういい加減な状況だ。そうかと思うと、自民党政調会長の萩生田光一氏が「児童手当の所得制限撤廃よりも新婚世帯への住居支援が優先だ」などと言い始めた。児童手当の所得制限撤廃には約1500億円が必要とされる。たったの1500億円だ。萩生田氏の言う「新婚世帯への住居支援」に必要な予算もたかが知れている。

本気で少子化対策をやろうというなら、両方やればいいのだが、小さな予算を取り合っている。これで〝異次元〟とは笑止千万だ。

岸田政権が挙げる対策は30年前から言われ続けたことの羅列に過ぎない。その話を聞けば聞くほど、この間の自民党政権による無策がますます浮き彫りになる。この状況を招いた責任は明らかに自民党なのだが、彼らはその失敗を反省せず、謝罪もしない。そのまま政権の座に居座って、十年一日、いや三十年一日のごとく振る舞っている。ここまでくると、そんな彼らにまず退場を求めたいという気持ちがますます強くなる。

6-4 「戦争をしない国」の覚悟。そしてその担い手とは?

権力者中心の社会から一般国民中心の社会に変えていこう

「新しい改革」の具体的政策について並べ始めたらきりがない。

第1章から本章に至るまで数多くの「変えるべきこと」を述べてきた。それらをここにすべて並べることはしないが、振り返ってもう一度読み直していただけば、必ず、そのそれぞれが、新しい改革の三つの哲学の一つあるいは二つくらいに該当する改革だということに気づいていただけると思う。

そうした個々の改革案について個別に議論することも重要だが、「新しい改革」をもう一度さらに別の大きな視点で評価してみることも意味がある。

これまでの議論を振り返ると、新しい改革とは、すなわちこれまで永田町の自民党、霞が関の官僚たち、そして経団連を代表とする経済界という権力者中心の社会だった日本を市民・国民中心の社会に根本から作り変えていくことだということに気づく。

それができてこそ、初めて本来の意味での国民主権が達成される。権力の所在が変わるのだから、改革と言うよりも革命と言ってもいいくらいの大変革なのだ。

2014年に亡くなった俳優の菅原文太さんは亡くなる直前、沖縄の県知事選で翁長雄志候補の応援演説に病を押して自ら駆け付けた。その時すでに文太さんは、日本の国家のありように大変な危機感を覚えていたことがいま振り返るとよくわかる。後に語り継がれる有名な演説の中で、彼は、国家の役割は二つあると言った。

一つは「国民にちゃんとご飯を食べさせること」。

もう一つが「絶対に戦争をしないこと」である。

戦後日本が採ってきた軽武装と経済・国民生活重視という方針は、まさに文太さんが唱えた二つのことである。ところが、いまはまさにその根本が揺らいでいる。経済は停滞し、賃金が上がらない中で物価ばかりが上がり生活苦に陥る国民は増える一方だ。そして、防衛費を倍増させると言っても、政府が煽る中国や北朝鮮への恐怖感からそれに対する国民の嫌悪感も弱まってきた。

私はいまこそ、自民党に代わる勢力として野党が、この文太さんの言う二つをやり遂げるという強い旗を前面に立てて活動してほしいと願っている。もちろん、自民党の中からそういう哲学を持ったまともな勢力が出てくればさらに素晴らしい。

ただ、「国民に食べさせる」ということはどの党でも言うだろう。そして、どうしてもバラマキ競争になってしまう。そこで、「絶対に戦争をしない」ということが言えるかどうかで独自性をアピールしなければならない。本来、立憲民主党のようなリベラル野党には、これを強く主張する土台があるはずである。

だがしかし、国会の議論を聞くと、ウクライナ危機や台湾有事、北朝鮮のミサイル発射などのきな臭い雰囲気と欧州諸国がことごとく軍拡路線に傾き、韓国も軍事優先の臭いがする保守政権が誕生する中で、北朝鮮がいきなりミサイルを日本に打ち込むことはないとか、台湾有事を避けるために米軍に基地を使わせないという選択肢についての議論さえ躊躇する空気すら感じる。だが、それができないのならば自民党との対立軸など作れない。

政権与党が防衛費倍増を唱え、米軍と一体となって戦争に突き進むいまだからこそ「絶対に戦争をしない」という哲学が野党に必要とされているのだ。

政府自民党が言う「国際環境が厳しさを増している」「台湾有事は日本有事だ」ということの具体的な意味を問いただし、それを避けるための外交政策の提案を行う。そして、何よりも大事なのは、それを、勇気を持って国民に問いかけることだ。

「新しい改革」とは市民・国民中心の社会に日本を取り戻すということだと述べたが、それは、国民主権の原点に戻って、本当の意味で国民を守る政策とは何かを訴えなければならないという意味になる。重ねて言うが、国民最優先なら、「何が何でも絶対に戦争をしない」国を作るのだと主張し続け、それで国民の支持を勝ち取る。主張するだけではダメで、それによって政権を取るということで、初めて日本が戦争を逃れる道を見出せるということだ。このことはいくら強調してもし過ぎることはないと思う。

女性、Z世代、これまでとは違う人たちが日本の希望

そして最後に、その「新しい改革」の担い手として私が期待しているのが、女性と「Z世代」や「ミレニアル世代（特にその後半）」と呼ばれる若者たちだ。これまで日本社会で力を与えられなかった層が活性化され、活躍できるようにすることが大切だ。

「女性が輝く社会」のスローガンは安倍政権でも散々使われていたが、実体のないハリボテだった。それを実のあるものにしていかなければならない。少しずつ進んでいるように見えても、国際的にはほとんどどん底だということは本章の前半にも書いた。

その状況は絶望的にも思えるが、実際のところ、ここまでいろいろ提示した「新しい改

革」を誰ができるのかと思うと、かなり難しい。男中心の社会では絶対にできないのではないかということがあまりに多い。

女性ならできるということを証明するのは困難だが、前にも書いたとおり、失敗した責任者は退場すべきだと考えると、まさに大半の男たちは日本凋落と軍国化のA級戦犯であり、彼らに任せることでは、日本の生き残りを図ることに関して何の希望も見出せない。

自分もまさにその中にいるわけだが、過去に経産省で働いていた時には、女性の方が優秀な人材が多いのではないかと感じる経験を幾度となくした。人事担当部局には、常に女性優先での人材配置の希望を出していたほどだ。特に、本人が無理だと言うような仕事をやってもらっても、失敗だったということは一度もなかった。

もちろん男性も優秀な人材はたくさんいるが、これまでの常識を全部ひっくり返すほどの改革が求められているのだから、いままでと異なる人材を大量に登用した方が成功の可能性は増すと思う。女性が登用されることで、逆に男性の発想も変化し、イノベーションにつながるはずだ。これはあくまで私の個人的な体験であって、立証しろと言われても難しいが、昨今の「多様性がイノベーションを生む」という話とも整合性があり、説得力があるのではないかと思う。

女性を登用しようということになれば、この分野でこれまでほとんど何もできていなかったのだから、逆にいえば「改革」の余地は極めて大きい。伸びしろがあるということだ。そのために、何をすればいいのかだが、メニューはこれまでさんざん議論されてきた。あとは、思い切り、スピード感と勇気を持ってこれを進めるということだろう。

もうひとつの期待がZ世代とミレニアル世代だ。

最近、20代の若い人たちと話をしてつくづく感じるのが、この世代の人たちは既存の価値観にとらわれず、かなり自由な発想ができるということだ。「これは参った」「そう考えるんだ」という驚きをたびたび覚える。日本をいままでにない社会に変えていくには、こうした新しい価値観を持った人たちに主役になってもらうことが重要だ。そうなれば、政治を変える力にもなる。

いまの国政は、表では82歳麻生太郎元首相、84歳二階俊博元自民党幹事長、78歳細田博之衆議院議長のような高齢男性が権力を握っている。裏では、さらに85歳森喜朗元首相が安倍派で隠然たる力を振るっていると聞くと頭がくらくらしてくる。これでは日本がよくなることはない。歳だから出て行けとは言わないが、いい加減「俺が主役」という考えはやめて、若い人や女性を起用して裏でサポートする役割に徹するべきだ。自分たちが失敗したことに気づいていないからそういう気持ちにならないのだとしたら、それはそれで末期症状だ。自民党の誰かが気づかせてあげられないのか。

これは与党自民党に限らない。野党も結局、昔から同じ人がずっと中枢にいる。もっと若い人を中心に据え、年配者が側面から支える体制に変えてほしい。

Z世代やミレニアル世代に希望が持てるのは、過去の栄光や成功体験に引きずられていないからだ。「ジャパン・アズ・ナンバーワン」の時代を知らない。バブルも知らない。物心ついたころから、日本経済は凋落し、世界に後れをとっていた。「日本はすごい」という意識もない。以前、講演で日本はダメだという話をしたら、学生らしき若者から、そんなことはわかり切っているから、どうしたらよいのかを言ってみろと言われたことがある。自分たちに責任がないからバイアスがかかっていない、素直に現状認識できているのだ。だから日本を見捨てる動きも加速しているということだろう。

これからの日本が目指す道は、「大国ぶらないこと」「上から目線を捨てること」に尽きる。

例えば、経産省を中心に「かつて世界一だった半導体産業の夢よ、もう一度」などとまだ口にする人間がいる。しかも、最先端である「2ナノの半導体を作る」などと。だが、ここで競争しても台湾には絶対にかなわないのだ。本章の初めにH3ロケットの失敗や日の丸ジェット構想の頓挫などの話を紹介したが、いつも威勢のいいことばかりを言いたがる経産省の古いDNAも何とかしなければならない。

では、どうすればいいか？

発想を変えるしかない。重ねて言うが、これまで「活躍」してきた頭の古い人たちに退場してもらい、女性やZ世代やミレニアル世代を中心に民間の若者や女性に幹部を代わってもらったらどうか。そうすることによって、とにかく、違う道を探すしかないのだ。

私は第3章で、日本は世界の下請け工場になってはどうかと提案した。アップルのiPhoneの部品はひところに比べて減ったと言っても依然として日本製でなければならないという部品や材料がたくさんある。電池でも先端半導体でも負けてしまったが、その材料・部品・製造装置ではまだ世界一と言われる企業がかなり存在する。つまり、日本製部品がないと作れないモノがたくさんあるのだ。半導体を制する者が世界を制するなどと言われると、すぐに、では世界一の半導体を作れと短絡的に考えがちだが、半導体を作るためにボトルネックになるのは何かを見極めて、そこを複数押さえ、その部分の需要を世界中から集めれば、かなりの金額、分量になる。他に代替できなければ利益率も高くなるはずだ。先端半導体を作れたが、出遅れて先行者利得は採れず、歩留まりが上がらないまま赤字続きで結局敗退という予想される未来よりもはるかに明るい未来が訪れるのではないだろうか。あるいは、私ではとても思いつかないようなもっと大胆なアナザーウェイがあるかもしれない。

その大胆な発想転換をできるのが、女性と新しい世代の人たちだと思うのだ。

※　※　※

まだ、日本を諦めるわけにはいかない。この国にはまだ十分なポテンシャルがあると信じることからすべては始まる。信じなければ、諦めるしかないが、その道は選びたくない。

〝妖怪の孫〟の呪縛から自由な人々の刺激を受けて、妖術にかかった我々男性たちがその呪縛から解き放たれる時、真の日本を取り戻す道が開けるのかもしれない。そして、いまが、正真正銘、最後のチャンスなのだ。

古賀茂明（こが・しげあき）

1955年、長崎県生まれ。東京大学法学部を卒業後、通商産業省(現・経済産業省)に入省。産業再生機構執行役員、経済産業政策課長、中小企業庁経営支援部長などを歴任。2008年、国家公務員制度改革推進本部事務局審議官に就任し、急進的な改革を次々と提議。09年末に経済産業省大臣官房付とされるも、11年4月には日本ではじめて東京電力の破綻処理策を提起した。その後、退職勧奨を受け同年9月に辞職。著書・メルマガを通じ活発に提言を続けている。『官邸の暴走』（KADOKAWA）、『日本を壊した霞が関の弱い人たち』（集英社）など著書の累計発行部数は100万部を超える。自身が企画・プロデュースし、本書が原案となったドキュメンタリー映画『妖怪の孫』が2023年3月に公開され、大きな話題を呼んだ。

分断（ぶんだん）と凋落（ちょうらく）の日本（にっぽん）

2023年 4月12日　第1刷発行
2023年 5月29日　第4刷発行

著者　古賀茂明（こがしげあき）
発行者　寺田俊治
発行所　株式会社 日刊現代
〒104-8007 東京都中央区新川1-3-17 新川三幸ビル
電話 03-5244-9620
発売所　株式会社 講談社
〒112-8001　東京都文京区音羽2-12-21
電話 03-5395-3606
編集協力　株式会社テックベンチャー総研
表紙／本文デザイン　伊丹弘司
校正　宮崎守正
本文データ制作　株式会社キャップス
印刷所／製本所　中央精版印刷株式会社

2023 Printed in Japan　ISBN978-4-06-531771-6